MAURICE ORGIAS ET **AL.-G. MARTINI**

AVOCATS A LA COUR D'APPEL DE PARIS

LE

« CODE » DE LA ROUTE

TEXTE ET COMMENTAIRE

DU DÉCRET DU 27 MAI 1921

ET DE LA CIRCULAIRE MINISTÉRIELLE DU 30 MAI 1921

CONCERNANT LA

Réglementation de l'usage des voies ouvertes
à la circulation publique

VÉHICULES AUTOMOBILES ET A TRACTION ANIMALE
TRANSPORTS EN COMMUN, CYCLISTES ET PIÉTONS

PRÉFACE DE M. LE TROCQUER

MINISTRE DES TRAVAUX PUBLICS

BERGER-LEVRAULT, ÉDITEURS

NANCY - PARIS - STRASBOURG

BERGER-LEVRAULT, LIBRAIRES-ÉDITEURS

NANCY - PARIS - STRASBOURG

La Course à pied. *Les Courses de haies*, par le Dr BELLIN DU COTEAU. 1918. Volume in-8, avec 24 photographies . . . . **1 fr. 50**

L'Éducation physique, obligation nationale, par le Dr BELLIN DU COTEAU. Préface de TRISTAN BERNARD. 1918. Vol. in-8, avec 10 photogr. **2 fr.**

La Marche et la pratique du Tourisme à pied, par Bernard D'ATTANOUX, explorateur, ancien officier de chasseurs à pied et de tirailleurs algériens. 2e édition, revue et augmentée. 1913. Un volume in-12 . . . . **2 fr.**

Manuel de Ski, par W. PAULCKE. 2e édition française, traduite de la 5e édition allemande, par F. ACHARD, ingénieur, membre des Ski-Clubs de Berne et de Zurich. 1910. Un volume in-8 avec 81 figures . . . . **4 fr.**
Relié en percaline gaufrée, tête rouge. . . . . **5 fr.**

Alpinisme et Service militaire d'hiver, par Hermann CZANT, premier lieutenant d'infanterie de l'armée austro-hongroise. Édition française sous les auspices de H. A. TANNER, capitaine d'infanterie de l'armée suisse. 1908. Un volume in-8 avec 80 illustrations et 2 cartes . . . . **5 fr.**

L'Aviron. *Pourquoi et comment*, par A. DE GENNES, ingénieur civil des Mines. 1910. Volume in-12, avec 6 photogravures et 10 croquis de l'auteur, relié en percaline. . . . . **2 fr.**

Pour devenir un Bon Joueur de Football Association, par Gabriel HANOT. 1921. Un volume in-16, avec 1 croquis dans le texte et 8 photographies hors texte, broché. . . . . *Net.* **3 fr. 75**

Le Football-Rugby. *Suivi du Code et règlement du jeu*, par le Dr Jacques DEDET. 1921. Un volume in-16, avec 13 croquis dans le texte et 8 photographies hors texte. . . . . *Net.* **3 fr. 75**

Jiu-Jitsu. *Méthode d'entraînement et de combat qui a fait des Japonais les adversaires les plus redoutables du monde*, par Irving HANCOCK. Traduit par le chef d'escadron d'artillerie L. FERRUS et le capitaine d'artillerie J. PESSEAUD. 10e mille. 1921. Un volume in-12, avec 19 planches photographiques d'après nature . . . . *Net.* **5 fr.**

Judo. Manuel de Jiu-Jitsu de l'École Kano à Tokio, par les professeurs YOKOYAMA et OSHIMA. Traduit du japonais par l'enseigne de vaisseau LE PRIEUR. 1911. Un volume in-8, avec 94 figures dans le texte et 3 planches hors texte . . . . *Net.* **5 fr. 75**

Traité complet de Jiu-Jitsu. Méthode Kano. *Jiu-Jitsu officiel du Gouvernement japonais. Coups dangereux ou mortels. Kuatsu ou science du rappel à la vie*, par Irving HANCOCK et KATSUKUMA HIGASHI. Traduit par le commandant L. FERRUS et le capitaine J. PESSEAUD. 1908. Un volume in-8, avec 505 photographies d'après nature . . . . **12 fr. 50**

L'Éducation physique. *Son influence sur la santé du soldat. La Gymnastique éducative. Principes physiologiques. Fatigue et infection. Surveillance de l'entraînement*, par le Dr Charles DAUSSAT. 1910. Volume in-8. . **2 fr. 50**

La Force physique. *Culture rationnelle. Méthode Attila. Méthode Sandow. Méthode Desbonnet.* La santé par les exercices musculaires mis à la portée de tous, par le professeur DESBONNET, fondateur des écoles de culture physique de Lille, Roubaix, Paris. 7e édition. 1913. Un volume in-8 de 202 pages, avec 89 figures, broché. . . . . **5 fr.**
Relié en percaline . . . . **6 fr.**

Comment on devient Champion de la Force, par le professeur Georges DUBOIS. D'après les documents de Pierre BONNES, champion du monde de force (1903-1905), vainqueur du challenge Dubonnet. Préface du professeur DESBONNET. 1909. Un vol. in-8 de 133 pages, avec 40 fig. et portraits, br. **3 fr. 50**
Relié en percaline . . . . **4 fr. 50**

LE

« CODE » DE LA ROUTE

MAURICE ORGIAS ET AL.-G. MARTINI

AVOCATS A LA COUR D'APPEL DE PARIS

LE

« CODE » DE LA ROUTE

TEXTE ET COMMENTAIRE

DU DÉCRET DU 27 MAI 1921

ET DE LA CIRCULAIRE MINISTÉRIELLE DU 30 MAI 1921

CONCERNANT LA

Réglementation de l'usage des voies ouvertes
à la circulation publique

| VÉHICULES AUTOMOBILES ET A TRACTION ANIMALE |
| TRANSPORTS EN COMMUN, CYCLISTES ET PIÉTONS |

PRÉFACE DE M. LE TROCQUER

MINISTRE DES TRAVAUX PUBLICS

PARIS

BERGER-LEVRAULT, ÉDITEURS

5, RUE DES BEAUX-ARTS (6ᵉ)

1921

PRÉFACE

—

Paris, le 18 juin 1921.

Mes chers Amis,

C'est fort aimable a vous d'avoir ainsi songé a me faire hommage de votre Traité sur le « Code » de la Route.

Je suis heureux de pouvoir vous dire que vous avez a merveille analysé notre œuvre; aussi est-ce de tout cœur que je souhaite a votre livre, si clair, si simple et si pratique, tout le succès qu'il mérite. Qu'il répande la connaissance du nouveau Code! Il l'aidera de la sorte, très efficacement, a atteindre ses fins : sage utilisation de la route — entente cordiale entre ses usagers de jour en jour plus nombreux, plus enfiévrés dans cette course continue qu'est la vie.

Enfin vous avez fort bien compris que l'œuvre n'est pas achevée et qu'il faut encore, en ce qui concerne la répression des infractions, apporter l'unité indispensable a la fois dans l'échelle même des peines et parmi les autorités chargées de les appliquer. Cette idée est si bien la mienne que déja je me suis préoccupé de faire préparer le projet de loi que le Gouvernement devra déposer a cet effet.

Avec mes bien sincères félicitations, recevez, mes chers Amis, mes plus cordiaux remerciements.

Yves LE TROCQUER.

AVANT-PROPOS

A Monsieur Le Trocquer,
     Ministre des Travaux publics.

Monsieur le Ministre,

Depuis longtemps déjà il était question de réglementer, en un « Code » de la route, l'usage des voies ouvertes à la circulation publique et de prendre toutes mesures propres à assurer la conservation de notre réseau routier.

Vos prédécesseurs avaient apporté tous leurs soins à cette œuvre, — dont vous n'avez cessé de poursuivre la réalisation et que vous avez eu la bonne fortune de mener à bien.

Le « Code » de la route rendra des services très réels à la route et à tous ses usagers. Il la protège; il concilie très heureusement les droits respectifs de ceux qui l'utilisent, en même temps qu'il détermine très judicieusement leurs obligations...

Grâces vous soient rendues, ainsi qu'à tous vos dévoués collaborateurs !

C'est un plaisir et un devoir pour nous de vous dédier le présent commentaire de votre « Code », — que nous sommes heureux de publier sous votre haut patronage dont nous vous remercions de tout cœur.

Veuillez agréer, Monsieur le Ministre, les assurances de nos sentiments les plus affectueux.

Maurice ORGIAS et Al. G.-MARTINI,

Avocats à la Cour d'appel de Paris.

INTRODUCTION

I. — Historique. — Réglementation antérieure. — Travaux préparatoires. —
Pendant de très longues années, — pendant toute la seconde moitié du xixe siècle, — quelques textes, — le titre I de la loi du 30 mai 1851, sur la police du roulage et des messageries publiques, qui ne comprend cependant que trois articles (1), et les décrets, aujourd'hui abrogés, des 10 août 1852, 24 février 1858 et 29 août 1863, — ont suffi à la réglementation de la circulation « des voitures suspendues ou non suspendues » et « des voitures de messageries ».

C'est que, pendant ces cinquante ans, la route avait été à peu près abandonnée par la grande circulation et ne servait plus, pour

---

(1) Le titre I de la loi du 30 mai 1851, consacré aux « conditions de la circulation des voitures », est, en effet, très bref. Les titres II (art. 4 à 14) et III (art. 15 à 28) ont trait aux pénalités, à la compétence et à la procédure intéressant notre matière. — Cf. BLOCK, *Dict. de l'Admin. franç.*, v° *Roulage*.

ainsi dire, qu'aux « voyageurs locaux ». Avec le développement de nos voies ferrées, les diligences d'un autre âge, — les berlines d'autrefois, — avaient peu à peu disparu de nos routes poudreuses, emportant avec elles les auberges qui les égayaient et tout le charme d'un passé qui chante encore en nos mémoires. A la longue, usagers et riverains en étaient arrivés à considérer la route comme un lieu de promenade, « de repos bien tranquille »...

Mais, — d'un coup, — sort de terre l'automobile ! C'en est fait de cette longue paix d'un demi-siècle. La nouvelle circulation se développe brusquement, avec intensité, va, vole, sur les routes en souveraine maîtresse. Alors, sans tarder, se fait sentir la nécessité d'une réglementation plus complète, plus étroite de l'usage de la route. Préfets, maires prennent des arrêtés. Mais ces arrêtés, sans nombre, présentent mille différences. Ils se ressentent précisément du caractère différent des régions, du tempérament différent des préfets et des maires qui les signent. Comment les connaître jamais, comment être sûr d'observer leurs prescriptions si diverses (1)?

____

(1) L'ordonnance générale de police du 10 juillet 1900 ne con-

Aussi, au bout de quelques années, éprouva-t-on le besoin d'apporter là quelque ordre, quelque unité. Le Gouvernement lui-même pensa « qu'il était de son devoir d'intervenir pour établir les règles générales de la police du roulage et de la circulation ». En juin 1909, une commission fut nommée, « à l'effet d'élaborer un code de la route ». Cette commission — qui comprenait des fonctionnaires des ministères des Travaux publics, de l'Intérieur et de la Justice, ainsi que des représentants des grandes associations sportives, touristiques, hippiques et automobiles — établit, en fin d'année 1911, « un projet de règlement sur *la protection de la voie publique* ainsi que sur *la police du roulage et la circulation* ». La Commission s'était, en effet, rendu compte qu'il convenait non seulement d'édicter des règles relatives à la circulation, mais encore telles dispositions intéressant la conservation de la voie publique. Et, de fait, le titre 1 dudit projet (art. 1 à 7) est consacré aux dispositions relatives à la conservation de la voie publique, le titre II (art. 8 à 63) aux dispositions rela-

---

tient pas moins de 429 articles! Elle a été, à diverses reprises, modifiée, complétée. Voir not., ordonnances de police des 10 février 1909, 28 juillet 1910, 21 mai et 18 août 1918.

tives à la circulation. Nous verrons que l'Administration n'a, du reste, jamais perdu de vue ce double objectif : protéger, conserver la route, d'une part; — faciliter la circulation, tout en respectant, en ménageant les droits de chacun, d'autre part. Elle n'a cessé, à son honneur, de tenir la main à ce que notre réseau routier, qui constitue l'une de nos richesses nationales, dont « la renommée est universelle » (1), fût sauvegardé dans toute la mesure possible.

C'est ainsi que le « second projet de règlement » de 1913, — issu des travaux d'une seconde commission qui avait eu pour mission « de coordonner et d'analyser les résultats de l'enquête faite auprès des conseils généraux, des sociétés d'agriculture et de sports en suite du projet de 1911, et d'arrêter le texte définitif du Code », — porte :

CODE DE LA ROUTE

Projet de règlement
sur la
protection de la voie publique
ainsi que sur la police du roulage et la circulation.

---

(1) Cf. FABER (*Le Petit Marseillais* du 23 mai 1921).

Ce second projet comporte, du reste, « des modifications en nombre restreint au projet primitif ». Le cadre en est identique. Les titres I et II, dont les rubriques sont restées les mêmes, comptent, au surplus, le même nombre d'articles.

Mais la guerre, — qu'aucun de nous n'a voulu, et que l'Allemagne traîtreusement déchaîna sur le monde (1), — ne permit pas d'aboutir. Selon le mot de l'Administration, « la guerre empêcha une solution d'intervenir ». Seulement, dès le lendemain de l'armistice imposé à nos ennemis par nos armées victorieuses, la question fut reprise : elle touche à un si grand nombre d'intérêts et intéresse elle-même tellement le public, qu'on ne pouvait pas ne pas reviser des règlements trop anciens et multiples, « dont la teneur n'était plus appropriée aux conditions de la circulation moderne ». Le ministère des Travaux publics pensa qu'il était impossible de ne pas tenir compte des enseignements de ces dernières années, pendant lesquelles l'intensité des transports sur route fut vraiment, du fait

(1) Cf. Raymond POINCARÉ, *Les Origines de la guerre* (Plon-Nourrit, 1921). — A. TARDIEU, *La Paix* (Payot, 1921). — Al. G.-MARTINI et ORGIAS, *Le Traité de Versailles devant le droit* (Berger-Levrault, 1921).

de la guerre, « exceptionnelle ». La question fut donc reprise et examinée cette fois par la *Commission centrale des Automobiles*, qui comprend à la fois des représentants des grandes associations automobiles, hippiques, touristiques, des chambres syndicales de constructeurs d'automobiles, et des membres du Conseil d'État et des administrations intéressées (Travaux publics, Intérieur, Justice, Finances).

Saisie de la question, le 10 mai 1919, la Commission centrale des Automobiles se référa aux deux projets de 1911 et de 1913, et, après un examen attentif, minutieux, de leurs dispositions, arrêta un nouveau « projet de règlement sur la protection de la voie publique ainsi que sur la police du roulage et de la circulation ». C'est ce projet qui fut soumis au Conseil d'État, et qui est devenu, après modifications, le « Code » de la route.

Ce projet se différenciait sensiblement, « sinon dans la *forme*, du moins dans l'ordre de présentation des articles », des deux projets susvisés. Alors que ceux-ci traitaient séparément des dispositions relatives à la conservation de la voie publique et des dispositions relatives à la circulation, le projet de la Commission centrale des Automobiles avait renoncé à cette division, « estimant que pareille distinction importe peu au public », et avait adopté la présentation suivante en chapitres :

CHAPITRE I. — Dispositions générales concernant la protection de la voie publique et de la circulation (art. 1-2).

CHAPITRE II. — Dispositions applicables à tous les véhicules, aux bêtes de trait, de charge et aux animaux montés (art. 3-17).

CHAPITRE III. — Dispositions spéciales aux véhicules à traction animale (art. 18-22).

CHAPITRE IV. — Dispositions spéciales aux véhicules automobiles (art. 23-34).

CHAPITRE V. — Dispositions spéciales aux véhicules attelés ou automobiles affectés aux services publics de transport en commun des personnes (art. 35-49).

CHAPITRE VI. — Dispositions applicables aux cycles sans moteur mécanique (art. 50-55).

CHAPITRE VII. — Dispositions applicables aux piétons, aux animaux non attelés, ni montés (art. 56-59).

CHAPITRE VIII. — Dispositions transitoires et diverses (art. 60-66).

Ainsi, l'Administration, dans le sein même de la Commission centrale des Automobiles, avait réussi à faire prévaloir ses vues en ce qui concerne la protection de la voie publique. Nous verrons que le Conseil d'État n'a pas maintenu les articles 1 et 2 qui les consacraient pour des raisons que nous ferons connaître (1); mais n'empêche que le « Code » de la route, — le décret du 27 mai 1921 — contient d'assez nombreuses dispositions qui ne tendent à rien moins qu'à assurer la conservation des routes. Il en est tellement ainsi qu'il nous sera permis d'analyser ledit décret en traitant, — comme le faisaient les projets de 1911 et 1913, — séparément des mesures relatives à la conservation de la voie publique et des mesures relatives à la circulation. Notre exposé y gagnera en clarté; il sera ainsi plus simple et plus pratique.

Quant au *fond*, — de l'aveu même du rapporteur de la Commission centrale des Automobiles, — les « modifications votées par la Commission ont été peu nombreuses et ne visent que des questions sur lesquelles l'expérience de ces dernières années a apporté des données vraiment nouvelles ».

II. — IMPORTANCE DU NOUVEAU « CODE ». — INNOVATIONS. — Quoi qu'il en soit, — ainsi

____

(1) Voir *infra*, p. 14 et s.

que nous l'avons dit (1), — c'est le texte élaboré par cette dernière commission que le Conseil d'État a mis au point, — en y apportant tels changements, telles modifications que nous ferons connaître chemin faisant, — et qui constitue aujourd'hui la charte de la route (2).

L'importance d nouveau « Code » est considérable. Tout d'abord, *il unifie les règles de la circulation sur toutes les catégories de chemins;* il réalise l' « uniformité », l' « unification » si ardemment souhaitée en notre matière. Et ce n'est pas là son moindre titre à la reconnaissance publique. Mais, de plus, il contient toute une série de mesures, de dispositions « propres à assurer à la fois la protection de la route et la sauvegarde des droits respectifs de ceux qui l'utilisent » (3).

C'est l'ensemble de ces mesures, de ces dis-

---

(1) Voir *supra*, p. xiv.

(2) L'article 68 du nouveau règlement porte : « Sont et demeurent abrogés les décrets des 10 août 1852 et 24 février 1858, relatifs à la police du roulage, le décret du 29 août 1863, concernant l'établissement des barrières de dégel, les décrets du 10 mars 1899, du 10 septembre 1901 et du 4 septembre 1919 ayant trait à la circulation des automobiles, ainsi que toutes dispositions contraires à celles du présent règlement. »

(3) Ce sont les termes mêmes de la circulaire ministérielle du 30 mai 1921. On ne pouvait mieux généraliser, synthétiser le sens et la portée des dispositions du nouveau décret.

positions qui appelleront tout particulièrement notre attention et donnent au nouveau
« Code » tout son sens. Ces dispositions ont
trait à la *pression* exercée sur le sol par les
véhicules, à la forme et à la nature des bandages, au *gabarit* des véhicules, etc., mais aussi
à leur mode d'*éclairage*, de *freinage*, à la
« spécialisation » par catégories de véhicules,
des *signaux sonores*, aux indications exigibles
sur les *plaques*. D'autre part, — et c'est là
une innovation essentielle, — le nouveau règlement « supprime toute limite de *vitesse*
maxima pour les automobiles dont le poids
total en charge ne dépasse pas 3.000 kilos » et
établit « un barême limitatif de la vitesse pour
les véhicules automobiles d'un poids supérieur
à 3.000 kilos selon le poids de ces véhicules » (1).
Ainsi, la sécurité de la circulation se trouve
respectée, sans qu'elle n'entrave en rien « le
développement d'un moyen de locomotion caractérisé par une vitesse supérieure à celle des
anciens véhicules » (2).

Soucieux de favoriser précisément la sécurité de la circulation, le nouveau « Code »
édicte, en outre, une réglementation nouvelle

---

(1) Cf. circulaire ministérielle du 30 mai 1921, précitée.
(2) Cf. même circulaire.

en ce qui concerne les *bifurcations* et les *croi-sées de chemins* : les véhicules circulant sur les routes nationales ou routes assimilées y ont la priorité de passage. Des dispositions spéciales règlent également les *croisements* et *dépasse-ments*.

Le nouveau règlement s'occupe encore des *remorques* et *trains routiers*, et des *transports en commun*. Là aussi, il a été inspiré par le souci « de mettre la chaussée à l'abri d'une usure exagérée et d'éviter l'encombrement des routes ». « Les règles concernant les ser-vices publics de transport en commun ont été simplifiées, afin qu'aucune entrave inutile ne soit apportée au développement de ces ser-vices (1). »

Le « Code » de la route s'occupe enfin des *cycles*, des *troupeaux*, des *animaux divaguant sur la voie publique*, mais il n'a pas omis de préciser les dispositions intéressant la sécu-rité des *piétons*, et de cela, tous ceux qui n'ont pas encore leur carrosse ou leur chauffeur doi-vent savoir gré à ses rédacteurs. Le piéton enfin a droit à la vie sauve; mais, averti de l'approche de tout véhicule, il doit « se ranger » pour le laisser passer !

____

(1) Cf. même circulaire.

Au surplus, le « Code » de la route, — dont nous avons ainsi une vue d'ensemble, — qui a tenu à préciser que ses dispositions « ne font pas obstacle au droit conféré par les lois et règlements aux préfets et aux maires, de prescrire, dans les limites de leurs pouvoirs, et lorsque l'intérêt de la sécurité ou de l'ordre public l'exige, *des mesures plus rigoureuses que celles* qu'il édicte » (art. 62), a accordé aux véhicules en service lors de sa publication, des délais d'application pour telles ou telles de ses prescriptions que nous indiquerons au fur et à mesure, d'un an ou de cinq ans (art. 60). Il était difficile de faire œuvre plus sage, de montrer plus de mesure et de modération...

III. — Plan du « code » de la route. — Plan de l'ouvrage. — Le « Code » de la route comporte sept chapitres. Le chapitre I est consacré aux dispositions applicables à tous les véhicules, aux bêtes de trait, de charge et aux animaux montés. Le chapitre II, aux dispositions spéciales aux véhicules à traction animale. Le chapitre III, aux dispositions spéciales aux véhicules automobiles. Le chapitre IV, aux dispositions spéciales aux véhicules attelés ou automobiles affectés aux services publics de transport en commun. Le chapitre V aux dispositions applicables aux cycles. Le chapitre VI aux dispositions applicables aux piétons et aux animaux non attelés ni montés. Le chapitre VII contient des dispositions transitoires et diverses.

C'est là le plan qu'avait suivi la Commission centrale des Automobiles. Son projet comportait, de plus, un chapitre relatif aux dispositions générales concernant la protection de la voie publique et de la circulation, — qui n'a pas trouvé grâce auprès du Conseil d'État, — ainsi que nous avons déjà eu occasion de l'indiquer. (1).

Ce plan, — qui est parfait pour un « Code », pour un « règlement », — ne saurait convenir à un ouvrage, à un « Précis » où les questions doivent être présentées d'ensemble, et plus simplement encore. Aussi, — comme nous l'avons dit (2), — nous proposons-nous d'étudier les obligations générales et spéciales relatives à la conservation de la voie publique, d'une part, et, d'autre part, les obligations générales et spéciales relatives à la sécurité et à la commodité de la circulation.

_____

(1) Voir *supra*, p. XVI.
(2) Voir *supra*, p. XVI.

Après avoir indiqué les dispositions générales intéressant la conservation de la voie publique, nous préciserons les dispositions spéciales applicables à tels ou tels véhicules. Il en sera de même, en ce qui concerne les obligations relatives à la sécurité et à la commodité de la circulation : dispositions générales d'abord, dispositions spéciales ensuite (1).

Les dispositions du nouveau « Code » ainsi étudiées, nous examinerons, par la suite, en un second fascicule, la responsabilité civile et pénale des conducteurs de tous véhicules, à quelles conditions elle se trouve engagée, quelles conséquences elle entraîne, quels sont les tribunaux compétents pour en connaître et quelle procédure doit être suivie devant eux. Le décret du 27 mai 1921 nous indique, en effet, dans son article 59, que « les contraventions aux dispositions du présent règlement seront constatées par des procès-verbaux et déférées aux tribunaux compétents, conformément aux lois et règlements en vigueur ». Nous aurons à nous demander, du reste, en ce qui concerne la responsabi-

---

(1) Cf. P. GIFFARD, Le « Code » de la route (*Le Petit Marseillais* du 14 juin 1921).

lité pénale, s'il ne conviendrait pas de réaliser là aussi quelque unité, de modifier en conséquence les dispositions de la loi du 30 mai 1851, auxquelles le « Code » de la route n'a naturellement pu toucher...

Réunis, les deux fascicules composeront donc un manuel pratique de la route où seront traitées non seulement les dispositions du nouveau règlement, mais encore toutes questions si délicates touchant à la responsabilité des propriétaires et conducteurs de tous véhicules.

LE NOUVEAU « CODE »

DROITS ET OBLIGATIONS
DE TOUS USAGERS DE LA ROUTE

Nous devons étudier ici les dispositions générales et spéciales édictées par le « Code » de la route relatives à la conservation de la voie publique et à la circulation. Nous le ferons en deux chapitres distincts.

CHAPITRE I

DISPOSITIONS GÉNÉRALES ET SPÉCIALES RELATIVES
A LA CONSERVATION DE LA VOIE PUBLIQUE

Le décret du 27 mai 1921 contient de nombreuses dispositions ayant pour objet la conservation de la voie publique.

Ce sont celles qui se réfèrent notamment à la pression exercée sur le sol par les véhicules, à la forme et à la nature des bandages, au gabarit, ou qui ont trait au passage des ponts, qui réglementent la vitesse des véhicules automobiles dont le poids total en charge est supérieur à 3.000 kilos, les transports exceptionnels, les convois, remorques et trains routiers, ou intéressent les barrières de dégel.

I. — Dispositions générales et spéciales relatives à la pression sur le sol, à la forme et à la nature des bandages, et au gabarit des véhicules.

A) DISPOSITIONS GÉNÉRALES ET SPÉCIALES RELATIVES A LA PRESSION SUR LE SOL A LA FORME ET A LA NATURE DES BANDAGES

a) L'article 2 du nouveau règlement déclare que « la pression exercée sur le sol *par un véhicule* ne doit à aucun moment pouvoir excéder 150 kilos par centimètre de largeur du bandage; cette largeur est mesurée au contact avec un sol dur sur un bandage neuf en état de fonctionnement normal. Les bandages métalliques ne doivent présenter aucune saillie sur leurs surfaces prenant contact avec le sol ».

C'est là une disposition essentiellement favorable à la conservation de la route.

« Cette disposition n'est (cependant) pas applicable pour les trajets entre la ferme et les champs, aux *instruments aratoires à traction animale et aux véhicules automobiles servant à l'agriculture* » (art. 2, alin. 2, *in medio*). Le nouveau règlement n'a pas voulu soumettre lesdits instruments effectuant un tel trajet à la disposition dont s'agit.

« Toutefois, ajoute-t-il, les *roues ou tables de roulement de ces instruments et véhicules* doivent être aménagés de manière à ne pas occasionner des dégradations anormales à la voie publique » (art. 2, alin. 2, *in fine*).

« Les *roues des véhicules automobiles* servant au transport des personnes et des marchandises, continue ce texte, ainsi que les *roues de leurs remorques* doivent toutes être munies de bandages en caoutchouc ou de tous autres systèmes équivalents au point de vue de l'élasticité » (art. 2, alin. 3).

« Les *clous et rivets* fixés sur les bandages en caoutchouc, en vue d'éviter le dérapage, doivent s'appuyer sur le sol par une surface circulaire et plate d'au moins 10 millimètres de diamètre ne présentant aucune arête vive et ne faisant pas saillie sur les surfaces de roulement de plus de 4 millimètres » (art. 2, alin. 4).

b) Délai d'application aux véhicules en service. — L'article 2, alinéa 5, nous indique que « le délai d'application des prescriptions du présent article aux véhicules en service lors de la publication du présent règlement est fixé par l'article 60 ci-après ».

Or, aux termes de ce dernier article, un délai de *cinq ans* est accordé auxdits véhicules « pour les prescriptions de l'article 2, relatives aux dimensions et à la nature des bandages des roues ».

c) Matériels spéciaux des départements de la guerre et de la marine. — L'article 2, dernier alinéa, précise que « les prescriptions du présent article ne sont applicables aux matériels spéciaux des départements de la Guerre et de la Marine qu'autant qu'elles ne sont pas incompatibles avec leur destination ».

B) Gabarit des véhicules

a) L'article 3, alinéa 1, du « Code » de la route porte que : « Dans une section transversale, la largeur d'un véhicule, toutes saillies comprises, ne doit nulle part être supérieure à 2ᵐ 50. L'extrémité de la fusée et le moyeu, toutes pièces accessoires comprises, ne doivent pas faire saillie sur le reste du contour extérieur du véhicule. »

Et l'alinéa final dudit article a soin d'indiquer que « les *chaînes* et autres *accessoires, mobiles ou flottants,* doivent être fixés au véhicule de manière à ne pas sortir, dans leurs oscillations, du contour extérieur du véhicule et à ne pas traîner sur le sol ».

Seuls, peuvent faire *exception* à la règle de l'article 3, alinéa 1 : « 1° les *instruments aratoires*;

2° les *véhicules à traction animale dont la carrosserie ne surplombe pas les roues* ou qui ne sont pas pourvus d'ailes ou de garde-boue. Dans ce cas, le point le plus saillant de la fusée ou du moyeu, toutes pièces accessoires comprises, ne doit pas faire saillie de plus de 18 centimètres sur le plan passant par le bord extérieur du bandage » (art. 3, alin. 2).

b) Délai d'application aux véhicules en service. — « Le délai d'application des prescriptions ci-dessus, dit l'alinéa 3, aux véhicules en service lors de la promulgation du présent règlement est fixé par l'article 60 », soit *cinq* ans également. L'article 60 porte, en effet : « Les délais suivants sont accordés pour l'application des articles visés ci-dessus aux véhicules qui seront en service lors de la publication du présent règlement : un an...., cinq ans.... pour les prescriptions de l'article 3, relatives au gabarit des véhicules et aux saillies des fusées d'essieux ou des moyeux... »

c) Matériels spéciaux des départements de la Guerre et de la Marine. — L'alinéa 4 de l'article 3 du nouveau règlement reproduit les termes de l'article 2, dernier alinéa : « Les prescriptions des paragraphes *précédents* ne sont applicables aux matériels spéciaux des départements de la Guerre et de la Marine qu'autant qu'elles ne sont pas incompatibles avec leur destination. »

La disposition de l'alinéa 5 faisant défense de laisser traîner sur le sol les chaînes ou autres accessoires, mobiles ou flottants, s'applique donc aux matériels desdits départements. Cette défense est insérée en un alinéa *subséquent*.

II. — Dispositions générales et spéciales au passage des ponts.

L'article 16 du décret du 27 mai 1921 dispose (alinéa 1) que « sur les ponts qui n'offriraient pas toutes les garanties nécessaires à la *sécurité* du passage, le préfet ou le maire, suivant la nature des voies, peuvent prendre toutes dispositions qui seront jugées nécessaires pour assurer cette *sécurité* ».

Il ne s'agit pas là de mesures intéressant la conservation de la voie, du pont! Mais l'alinéa 2 ajoute : « Le maximum de la charge autorisée et les mesures prescrites pour la *protection* et le passage de ces ponts sont, dans tous les cas, placardés à leur entrée et à leur sortie, de manière à être parfaitement visibles des conducteurs. »

Et l'alinéa 3 déclare : « Dans les circonstances urgentes, les maires peuvent prendre les mesures provisoires que leur paraît commander la sécurité publique, sauf à en rendre compte à l'autorité supérieure. »

III. — Dispositions générales et spéciales à la vitesse des véhicules automobiles dont le poids total en charge est supérieur à 3.000 kilos, aux transports exceptionnels, aux convois, remorques et trains routiers.

Toutes ces dispositions ont trait tout autant à la sécurité de la circulation qu'à la conservation de la voie publique.

La circulaire ministérielle du 30 mai 1921 dit elle-même que « les mesures édictées par les articles 13 (convois), 14 (transports exceptionnels) et 32 (remorques et trains routiers) ont été inspirées à la fois par la *nécessité de mettre les chaussées à l'abri d'une usure exagérée* et par le souci d'éviter l'encombrement des routes ».

La limitation de vitesse pour les véhicules automobiles dont le poids total en charge est supérieur à 3.000 kilos a été également édictée, d'après la circulaire elle-même, dans l'intérêt de la circulation et des chaussées, de leur « conservation ».

A) DISPOSITIONS RELATIVES
AUX TRANSPORTS EXCEPTIONNELS, AUX CONVOIS, REMORQUES ET TRAINS ROUTIERS

a) L'article 14, relatif aux *transports exceptionnels*, édicte : « Lorsqu'il y a lieu de transporter des objets indivisibles de dimensions et de poids considérables, exigeant un attelage supérieur à celui qui est déterminé par l'article 18 du présent règlement (1), ou dépassant les limites de charge fixées par l'article 2 (2), ou ayant une largeur de chargement supérieure à celle qui est fixée par l'article 6 (3), ou, enfin, susceptibles de compromettre le passage des autres véhicules sur une route ou un chemin, les conditions de leur transport sont fixées par les préfets des départements parcourus après avis des ingénieurs des Ponts et Chaussées ou des agents voyers.

« Les arrêtés pris en vertu des dispositions qui précèdent mentionneront l'itinéraire à suivre et les mesures à prendre pour assurer la facilité et la sécurité de la circulation publique, et *pour*

---

(1) L'article 18 du décret du 27 mai 1921 est ainsi conçu : « Sauf dans les cas prévus à l'article 14 ci-dessus, il ne peut être attelé : 1° aux véhicules servant au transport des *marchandises*, plus de cinq chevaux ou bêtes de trait s'il s'agit de véhicules à deux roues; plus de six bœufs ou de huit chevaux ou autres bêtes de trait s'il s'agit de véhicules à quatre roues, sans qu'il puisse y avoir plus de cinq animaux de file; 2° aux véhicules servant au transport des *personnes*, plus de trois chevaux s'il s'agit de véhicules à deux roues, plus de six s'il s'agit de véhicules à quatre roues. Quand le nombre de bêtes de trait est supérieur à six, il doit être adjoint un aide au conducteur ». Cf. *infra*, p. 40.

(2) Voir *supra*, p. 2, l'article 2 du décret du 27 mai 1921.

(3) L'article 6 porte : « La largeur du chargement des véhicules ne peut excéder 2ᵐ 50. Toutefois, les préfets des départements peuvent délivrer des permis de circulation pour les objets d'un grand volume qui ne seraient pas susceptibles d'être chargés dans ces conditions; ces permissions seront soumises aux règles fixées par l'article 14... » Cf. *infra*, p. 39.

empêcher tout dommage aux routes et aux chemins,
aux ouvrages d'art et aux plantations. »

b) L'article 13, alinéa 3, du « Code » de la route
aux termes duquel « un *convoi* doit être fractionné
en tronçons mesurant chacun 25 mètres de longueur au plus, attelages compris, pour les convois
de véhicules à traction animale; en tronçons mesurant 50 mètres de longueur au plus, remorques
comprises, pour les convois de véhicules automobiles », intéresse incontestablement à la fois la
sécurité de la circulation et la conservation de la
route. Les interminables convois, sont, du fait,
interdits (1) !

c) L'article 32, A, relatif aux *remorques*, et l'article 32, C, relatif aux *trains routiers*, n'ont pas
perdu du vue la protection à laquelle la voie publique a droit :

L'article 32, A, déclare, en effet, applicables aux
véhicules remorqués les prescriptions du présent
règlement relatives aux véhicules isolés visées,
entre autres, aux *articles 2, 3*, etc... (2). Et l'article 32, C, exige que la demande aux fins d'autorisation de circulation d'un train routier indique :
« 1° les routes et chemins que le pétitionnaire a

----

(1) Nous retrouverons l'article 13, ainsi que l'article 32, dans
notre chapitre II, relatif aux dispositions intéressant la circulation. Voir *infra*, p. 41-42 et p. 45 et s.

(2) Voir *supra*, p. 2 et s.

l'intention de suivre; 2° *les poids en charge du
tracteur et de chacune des remorques...* ; 3° la composition habituelle des trains et leur longueur totale; 4° la vitesse de marche prévue... »

B) DISPOSITIONS RELATIVES A LA LIMITATION DE VITESSE DES VÉHICULES AUTOMOBILES DONT LE POIDS TOTAL EN CHARGE EST SUPÉRIEUR A 3.000 KILOS

Le souci de la conservation de la voie publique, — comme nous l'avons dit déjà, — n'a pas été étranger à semblables dispositions.

Le projet soumis au Conseil d'État portait même, en termes exprès, qu' « en aucun cas, la vitesse ne doit être une cause de *dommage anormal* pour la route ou le chemin et les ouvrages qui en dépendent ». Ce dernier alinéa de l'article 32 du projet (devenu l'article 31 du présent règlement) a été supprimé par le Conseil d'État, qui a fait valoir les mille difficultés auxquelles donnerait lieu la détermination d'un tel dommage : quand y aura-t-il dommage anormal? Quand un dommage cesse-t-il d'être normal? Où commence l'abus du droit? L'accord est loin d'être fait sur cette théorie fameuse de l'abus du droit. Il ne saurait être que prudent et sage de ne point la soulever à propos de notre matière... (1).

---

(1) Cf. sur la théorie de l'abus du droit, A. COLIN et CAPITANT, *Cours de dr. civ.*, t. 2, p. 371 et s.

L'article 31, alinéa 1, du décret du 27 mai 1921 reconnaît, du reste, que la responsabilité du conducteur d'automobiles peut être engagée, « à raison des dommages causés aux personnes, aux animaux, aux choses ou *à la route...* ». L'article 32 du projet débutait en de tous autres termes : « Sans préjudice, disait-il, des prescriptions de l'article 9 ci-dessus (devenu l'article 8 du présent règlement), la vitesse des véhicules automobiles est soumise aux règles ci-après : Le conducteur doit ralentir ou même arrêter le mouvement, etc., etc... (1). »

IV. — Dispositions relatives aux barrières de dégel.

L'article 15 du « Code » de la route, qui permet aux préfets pour les routes nationales et départementales, les chemins de grande communication et d'intérêt commun et les routes forestières, et aux maires pour les autres voies, — d'ordonner l'établissement de barrières de dégel, a pris soin également de déclarer que « tout véhicule pris en contravention aux dispositions du présent article sera arrêté et mis en fourrière, le tout sans préjudice de l'amende encourue et des *frais de répara-*

----

(1) Nous donnerons, au surplus, *infra*, p. 56 et s., à propos de la réglementation de la circulation, les deux textes, l'article 31 du décret et l'article 32 du projet, *in extenso* et en parallèle.

tlon des dommages causés à la voie publique »
(art. 15, dern. alin.) (1).

V. — Prohibitions légales « édictées dans l'intérêt spécial de la conservation de la route ».

Les deux projets de règlement de 1911 et de
1913, en vue d'assurer la protection de la voie
publique, avaient, dans leur article 1, énuméré
les actes interdits sur ladite voie.

Dans son commentaire des articles du second
projet, la Commission qui l'avait élaboré déclarait
qu' « elle avait résumé dans un article du nouveau
« Code » toutes les prescriptions aujourd'hui éparses
dans une série de règlements qui ont trait à la
protection de la voie publique contre les dégradations volontaires ou non... ». Il lui avait semblé
« qu'il convenait, non de modifier les prescriptions
existantes et leurs pénalités, mais bien de les codi-
fier, c'est-à-dire de les réunir les unes à côté des
autres, de manière à mettre à même tous les
usagers de la route, voyageurs et autres, de savoir
quels sont leurs droits et leurs devoirs en cette
matière... » En suivant cette méthode, la Commission avait indiqué qu' « il lui avait paru rationnel
d'ajouter à la fin de l'article une clause qui défen-

---

(1) Nous retrouverons également cet article 15 dans notre chapitre II, consacré aux dispositions relatives à la circulation. Voir
infra, p. 88.

dait d'une manière générale de dégrader ou de détériorer la voie publique, ainsi que toutes ses dépendances et les ouvrages établis dans l'intérêt de la circulation ».

La Commission centrale des Automobiles, partageant cette manière de voir, avait consacré, — nous l'avons dit (1), — le chapitre I du projet soumis au Conseil d'État aux dispositions générales concernant la protection de la voie publique et de la circulation. L'article 1 dudit chapitre était ainsi conçu :

« *Prohibitions absolues.* — Il est interdit : 1° d'anticiper de quelque manière que ce soit sur les limites de la voie publique et de ses dépendances; 2° de laisser se répandre ou de jeter sur la voie publique et ses dépendances des eaux ou des matières susceptibles de nuire à la salubrité publique, à la sécurité et à la commodité de la circulation; 3° d'empêcher le libre écoulement des eaux dans les caniveaux, ouvrages et fossés de la voie publique; 4° d'une manière générale, de dégrader la voie publique ainsi que ses dépendances et les ouvrages établis soit dans l'intérêt de la circulation, soit dans un but d'utilité ou de décoration publiques. »

L'article 2 portait :

« *Prohibitions conditionnelles* (sous réserve d'autorisation). — Il est interdit, sans autorisation

---

(1) Voir *supra*, p. **XV**.

préalable : 1° d'ouvrir des fouilles sous la voie publique et ses dépendances; 2° de pratiquer des excavations à une distance des limites de la voie publique et de ses dépendances moindre que la profondeur de l'excavation et le minimum de 3 mètres s'il s'agit d'une excavation à ciel ouvert, 10 mètres, augmentés de 1 mètre par mètre de hauteur de l'excavation, s'il s'agit d'une excavation ou galerie souterraine; 3° d'enlever des pierres, terres, gazons ou produits de plantations provenant de la voie publique et de ses dépendances; 4° de planter des arbres à moins de 2 mètres et des haies à moins de 50 centimètres de la voie publique et de ses dépendances; 5° de faire, sur la voie publique et ses dépendances, des dépôts d'objets quelconques ou des installations de quelque nature qu'elles soient. »

Mais le Conseil d'État n'a pas cru devoir maintenir dans le nouveau règlement lesdites prohibitions (1). Il a fait valoir que ce titre 1 relatif à la protection de la voie publique pourrait induire en erreur. A en lire l'énoncé, on est autorisé à penser qu'il renferme toutes les dispositions, toutes les mesures relatives à la conservation de la voie publique. Or, dans ce titre, ne se trouvent qu'un certain nombre de ces dispositions, de ces mesures. « C'est ainsi, par exemple, que les dispositions ayant trait à l'alignement, qui font partie de la

____

(1) V^r *supra*, p. **XVI**.

police de la conservation de la route, ne figurent pas dans le projet. »

Le Conseil d'État a indiqué, en outre, qu'il pouvait paraître inutile de rappeler dans un décret des dispositions ayant force législative, qu'il suffirait de procéder au rappel de ces dispositions, — en indiquant les textes qui les sanctionnent, — dans la circulaire par laquelle le nouveau règlement serait porté à la connaissance des préfets et des ingénieurs des Ponts et Chaussées.

Cette suggestion a été suivie. La circulaire ministérielle du 30 mai 1921, souligne qu' « il va de soi, qu'en dehors des textes formellement abrogés par l'article 63, toutes les règles antérieures de police concernant la conservation des routes ou la circulation publique restent en vigueur, en tant qu'elles ne sont pas contraires aux prescriptions nouvelles. C'est pourquoi je crois devoir rappeler, ajoute M. le ministre des Travaux publics, certaines prohibitions légales incontestablement maintenues et qu'il importe de faire respecter dans l'intérêt spécial de la conservation de la route.

« Il reste interdit *d'une façon absolue :*

« 1° D'anticiper sur les limites de la voie publique et de ses dépendances (1);

« 2° De laisser se répandre ou de jeter sur la voie publique et ses dépendances des eaux ou des matières susceptibles de nuire à la salubrité pu-

---

(1) Ordonnance du 4 août 1731 ; article 479, 11°, du Code pénal.

blique, à la sécurité et à la commodité de la circulation (1);

« 3° De faire obstacle au libre écoulement des eaux dans les caniveaux, ouvrages et fossés de la voie publique (2);

« 4° D'une manière générale, de dégrader la voie publique ainsi que ses dépendances, les plantations et les ouvrages (3) établis soit dans l'intérêt de la circulation, soit dans un but d'utilité ou de décoration publiques (4).

« Il demeure également interdit, *sauf autorisation préalable :*

« 1° D'ouvrir des fouilles sous la voie publique et ses dépendances (5);

« 2° De pratiquer des excavations à une distance des limites de la voie publique et de ses dépendances inférieures à 10 mètres augmentés de 1 mètre par mètre de profondeur de l'excavation, s'il s'agit d'une excavation à ciel ouvert et à 10 mètres augmentés de 1 mètre par mètre de hauteur de l'excavation s'il s'agit d'une excavation ou galerie souterraine (6);

---

(1) Édit de décembre 1607; arrêté réglementaire du 20 septembre 1858; article 471, 6°, du Code pénal.

(2) Arrêté du Conseil du 17 juin 1721.

(3) Loi du 29 floréal an X, article 1; articles 257 et 437 du Code pénal.

(4) Poteaux de signalisation, bornes, becs de gaz, vespasiennes, grilles, abris de cantonniers, parapets, motifs architecturaux des ouvrages, ponts, etc...

(5) Édit de décembre 1607; arrêt du Conseil du 17 juin 1721.

(6) Arrêts du Conseil du 14 mars 1741, 5 avril 1772, 15 sep-

« 3° D'enlever des pierres, terres, gazons ou produits de plantations provenant de la voie publique et de ses dépendances (1);

« 4° De planter des arbres à moins de 2 mètres et des haies à moins de 50 centimètres des limites de la voie publique et de ses dépendances (2);

« 5° De faire sur la voie publique et ses dépendances des dépôts quelconques ou des installations de quelque nature qu'elles soient (3).

« Il vous appartiendra, en faisant appel à la vigilance de tous les agents investis de missions de police sur la voie publique, de faire respecter ces interdictions en même temps que les prescriptions et prohibitions inscrites dans le nouveau règlement. »

Toutes ces interdictions et défenses viennent donc s'ajouter aux dispositions et mesures précédemment étudiées. Nul doute que l'effet des unes et des autres ne soit salutaire, et que nos routes de France n'en tirent tout profit, si elles sont strictement obéies et respectées.

---

tembre 1776; déclarations du Roi du 23 janvier 1779 et 17 mars 1780; arrêté réglementaire du 4 juillet 1813.

(1) Ordonnance du 4 août 1731; article 479, 12°, du Code pénal.

(2) Ordonnance du 4 août 1731; règlement type du 26 septembre 1858; article 671 du Code civil.

(3) Édit de décembre 1607, ordonnance du 4 août 1731; article 471, 4°, du Code pénal.

CHAPITRE II

DISPOSITIONS GÉNÉRALES ET SPÉCIALES RELATIVES A LA SÉCURITÉ ET A LA COMMODITÉ DE LA CIRCULATION

Les prescriptions relatives à la sécurité et à la commodité de la circulation sont multiples et de toutes sortes. Les unes se réfèrent aux organes mêmes des voitures, aux appareils ou dispositifs dont elles doivent être munies. Les autres intéressent plus spécialement leur conduite, leur vitesse, le stationnement sur la voie publique.

Voyons successivement : 1° les prescriptions relatives aux organes des voitures, aux appareils et dispositifs dont elles doivent être munies; 2° les prescriptions relatives à la circulation proprement dite.

I. — **Prescriptions relatives aux organes des voitures, aux appareils et dispositifs dont elles doivent être munies.**

Les voitures doivent être munies de *freins*, de *signaux avertisseurs*, d'un *dispositif d'éclairage*, d'une *plaque*. De plus, telles ou telles prescriptions ont trait à la *disposition* de leur agencement et de leurs *organes*, le tout dans l'intérêt de la sécurité et de la commodité de la circulation.

A) Freins

I. Dispositions générales et spéciales aux automobiles, aux véhicules a avant-train moteur, et aux trains routiers. — L'article 17 du « Code » de la route porte : « Si la topographie l'exige, le préfet peut imposer sur certaines voies l'obligation de munir *tout véhicule* d'un frein ou d'un dispositif d'enrayage ». Et l'article 23 dudit « Code » dispose que : « Tout véhicule *automobile* doit être pourvu de deux systèmes de freinage à commande et transmission indépendantes; ces freins doivent être suffisamment puissants pour arrêter et immobiliser le véhicule sous les plus fortes déclivités. L'un au moins des systèmes de freinage doit agir directement sur les roues ou sur des couronnes immédiatement solidaires de celles-ci. — Dans le cas d'un *véhicule à avant-train moteur*, l'un des systèmes de freinage à la disposition du conducteur doit agir sur les roues arrière du véhicule. — Les *remorques uniques* sont exemptées de l'obligation des freins. Dans le cas de *train routier*, chaque véhicule doit être muni d'un système de freinage satisfaisant aux conditions du premier alinéa du présent article et susceptible d'être actionné, soit par le conducteur à son poste sur l'automobile, soit par un conducteur spécial. » (Cf. art. 32, A, alin. 3, et art. 32, C, 5°.)

Délai d'application aux véhicules en service. — Le dernier alinéa de l'article 23 nous indique que « le délai d'application des prescriptions du présent article aux véhicules en service lors de la promulgation du présent règlement est fixé par l'article 60 ci-après ».

Ce délai, aux termes dudit article 60, est d'*un an*.

« Pendant les périodes transitoires, chaque espèce continuera à être soumise aux règlements qui lui étaient applicables avant la promulgation du présent règlement. » (Art. 60, *in fine*.)

II. Dispositions spéciales aux véhicules attelés ou automobiles affectés aux services publics de transport en commun. — L'article 35 du décret du 27 mai 1921 dispose : « Les *véhicules attelés*, affectés aux services publics susvisés doivent être pourvus d'au moins un frein pouvant être facilement manié de son siège par le conducteur et, en outre, d'un autre dispositif susceptible d'immobiliser l'une au moins des roues d'arrière. Dispense de ce dernier dispositif peut être accordée par le préfet pour les véhicules circulant habituellement sur des itinéraires peu accidentés. Les *véhicules automobiles* affectés aux services publics susvisés sont astreints aux prescriptions de l'article 23 ci-dessus. »

Délai d'application aux véhicules en service. — Le dernier alinéa de l'article 35 renvoie à cet égard à l'article 60, lequel précise que le délai d'*un an* est accordé aux véhicules affectés aux services publics de transport en commun et en service lors de la publication du nouveau règlement « pour les prescriptions spéciales aux freins ».

B) Signaux avertisseurs

I. Dispositions spéciales aux véhicules automobiles. — L'article 25 du « Code » de la route est ainsi conçu : « *En rase campagne,* l'approche de tout véhicule automobile doit être signalée, en cas de besoin, au moyen d'un *appareil sonore* susceptible d'être entendu à 100 mètres au moins et différent des types de signaux spécialisés à d'autres usages par des règlements d'administration publique ou des arrêtés ministériels. — Dans les *agglomérations,* l'usage de la *trompe* est seul permis. » C'est en cela que consiste ici l'innovation du « Code ».

II. Dispositions spéciales aux cycles. — « Tout cycle, nous dit l'article 50, doit être muni d'un appareil avertisseur constitué par un *timbre à note aiguë* ou un *grelot,* dont le son puisse être entendu à 50 mètres au moins, et qui sera actionné aussi souvent qu'il sera besoin. L'emploi de tout autre signal sonore est interdit. »

Délai d'application aux cycles en service. — Le délai d'application des susdites prescriptions aux cycles en service est d'*un an* (art. 50, alin. 2, et art. 60).

La spécialisation des signaux sonores par catégories de véhicules a pour but, ainsi que le dit la circulaire ministérielle du 30 mai 1921, « d'éviter tout abus et toute méprise ». On est ainsi prévenu de la nature du véhicule qui arrive derrière soi et va vous dépasser.

III. OBSERVATION RELATIVE AUX TRACTEURS ET VÉHICULES REMORQUÉS. — L'article 32, qui les réglemente, n'édicte aucune prescription spéciale en ce qui les concerne relativement aux signaux dont ils doivent être munis. Un appareil particulier, à son distinct de ceux employés sur les routes par les véhicules automobiles, préviendrait cependant très utilement de leur présence. On eût pu réserver aux tracteurs et véhicules remorqués, aux trains routiers l'usage de la sirène ou du clackson.

IV. TROUPEAUX. — Notons que l'article 56, alinéa 2, du nouveau règlement exige que la présence de troupeaux d'animaux, — quelle qu'en

soit l'espèce, — sur la route, soit indiquée « la *nuit*
par un *signal sonore ou lumineux* ».

C) Éclairage

Le nouveau « Code » a traité avec un soin tout
particulier la question de l'éclairage, et l'arrêté
ministériel du 30 mai 1921 dit bien que « le nombre d'accidents dus à l'absence, à l'insuffisance ou
aux défectuosités de l'éclairage exigera la stricte
application des dispositions des articles 4, 25
(*lire* 24), 37, 49 et 56. La généralisation du feu
rouge, fixé à gauche, à l'arrière des véhicules,
contribuera certainement à éviter des collisions
en décelant la position et le sens de marche de ces
véhicules. L'emploi des feux aveuglants est interdit dans les agglomérations, et même en rase campagne, les rayons projetés ne devront, en aucun
cas, s'élever à plus de 1 mètre au-dessus du sol » (1).

Voici, du reste, les dispositions du nouveau règlement relatives à l'éclairage :

I. Dispositions générales. — L'article 4 dudit règlement porte :

« Sans préjudice des prescriptions spéciales des
articles 24 et 37 ci-après, aucun véhicule marchant
isolément ne peut circuler après la tombée du jour

---

(1) Cf. *Le Journal* du 19 mai 1921 : Le « Code » de la route.

sans être signalé vers l'avant par un ou deux feux blancs et vers l'arrière par un feu rouge.

« L'un des feux blancs ou le feu blanc, s'il est unique, est placé sur le côté gauche du véhicule. Il en est de même du feu rouge. Celui-ci peut être produit par le même foyer lumineux que le feu gauche d'avant dans le cas où la longueur totale du véhicule, chargement compris, n'excède pas 6 mètres.

« Toutefois, les *voitures agricoles*, se rendant de la ferme aux champs ou des champs à la ferme, pourront n'être éclairées qu'au moyen d'un *falot* porté à la main. Il ne sera exigé, pour les *voitures à bras*, qu'un feu unique, coloré ou non.

« Quand les véhicules marchent en *convoi*, dans les conditions fixées par l'article 13 du présent règlement, le premier véhicule de chaque groupe de deux voitures se suivant sans intervalle doit être pourvu d'au moins un feu blanc à l'avant et le second d'un feu rouge à l'arrière. »

Délai d'application aux véhicules en service. — L'article 4, dernier alinéa, ajoute : « Le délai d'application des prescriptions du présent article aux véhicules en service lors de la promulgation du présent règlement est fixé par l'article 60, ci-après. » Soit *un an.*

II. Dispositions spéciales aux véhicules automobiles, motocyclettes et véhicules remorqués. — L'article 24 du nouveau « Code » édicte :

« Tout véhicule automobile, *autre que la motocyclette*, doit être muni, dès la chute du jour, à l'avant de deux lanternes à feu blanc et à l'arrière d'une lanterne à feu rouge placée à gauche.

« *Pour la motocyclette*, l'éclairage peut être réduit soit à un feu visible de l'avant et de l'arrière, soit même, quand un appareil à surface réfléchissante rouge est établi à l'arrière, à un feu visible de l'avant seulement.

« *En rase campagne*, tout véhicule marchant à une vitesse supérieure à 20 kilomètres à l'heure devra porter au moins un appareil supplémentaire ayant une puissance suffisante pour éclairer la route à 100 mètres en avant.

« L'emploi de *lumières aveuglantes* est toujours interdit dans les agglomérations pourvues d'un éclairage public: il ne peut être admis en dehors de ces agglomérations que si le faisceau de rayon aveuglant ne s'élève pas à plus de 1 mètre du sol.

« Dès la chute du jour, les automobiles isolés doivent être munis d'un dispositif lumineux capable de rendre lisible le numéro inscrit sur la plaque arrière et dont l'apposition est prescrite par l'article 27 du présent règlement. Dans le cas de véhicules remorqués par un automobile, ce dispositif d'éclairage ainsi que le feu rouge d'arrière doivent être reportés à l'arrière de la dernière remorque qui doit également porter le numéro du véhicule tracteur, conformément à l'article 32 ci-après (1). »

Délai d'application aux véhicules en service des susdites prescriptions. — Un an (art. 24, dern. alin., et 60).

III. Dispositions spéciales aux véhicules attelés ou automobiles affectés aux services publics de transport en commun. — Elles sont contenues en l'article 37, aux termes duquel : « Pendant la nuit les véhicules affectés aux services publics susvisés seront signalés en avant par deux feux blancs et en arrière par un feu rouge.

« Ce dernier devra être placé sur le côté gauche du véhicule. Il pourra, conformément à l'article 4 ci-dessus, être produit par le même foyer lumineux que le feu gauche d'avant, dans le cas où la longueur totale du véhicule, chargement compris, n'excède pas 6 mètres.

« L'éclairage des véhicules automobiles sera assuré dans les conditions prévues par l'article 24 ci-dessus. Toutefois, la vitesse maxima à partir de laquelle est obligatoire l'emploi d'un feu éclairant la route à 100 mètres au moins en avant est abaissée de 20 à 12 kilomètres à l'heure. »

------

(1) L'article 32, A, du nouveau règlement rappelle que « les dispositions particulières aux véhicules remorqués, en ce qui concerne les freins et l'éclairage, sont énoncées aux articles 23 et *24* ».

Délai d'application aux véhicules en service des prescriptions ci-dessus. — Un an également (art. 37, dern. alinéa, et 60).

IV. DISPOSITIONS SPÉCIALES AUX CYCLES SANS MOTEUR ÉLECTRIQUE. — Article 49 : « Dès la chute du jour, tout cycle doit être pourvu d'un feu visible de l'avant et de l'arrière, soit d'un feu visible de l'avant seulement et d'un appareil à surface réfléchissante rouge à l'arrière. »

Délai d'application aux cycles en service lors de la promulgation du « Code ». — Le délai d'application des prescriptions de l'article 49 auxdits cycles est aussi d'*un an* (art. 49, alin. 2, et 60).

V. TROUPEAUX. — Rappelons les prescriptions de l'article 56, alinéa 2. Lorsque des troupeaux « circulent la nuit, leur présence doit être indiquée par un *signal* sonore ou *lumineux* » (1).

D) PLAQUES

« Les indications exigibles sur les plaques prévues par les articles 5, 27 et 51 ont une utilité évidente, dit la circulaire du 30 mai 1921, au point de vue de la police du roulage. Leur importance s'accroît en ce qui concerne les automobiles, du

---

(1) Voir *supra*, p. 23 *in fine* 24.

fait que les mentions prescrites … …nt les renseignements indispensables pou… …cation du tableau des vitesses maxima insc… dans l'article 31 » (1).

I. DISPOSITIONS GÉNÉRALES. — L'article 5 du nouveau règlement dispose : « Indépendamment des plaques spéciales aux automobiles définies à l'article 27 ci-après, tout propriétaire est tenu de faire apposer d'une manière très apparente, sur les véhicules lui appartenant, une plaque métallique portant, en caractères lisibles, ses nom, prénom et domicile.

« Sont *exceptées* de cette disposition :

« 1º Les voitures à bras;

« 2º Les voitures à traction animale destinées au transport des personnes et étrangères à un service public de transports en commun;

« 3º Les voitures appartenant à l'Administration des Postes;

« 4º Les voitures, chariots et fourgons appartenant aux départements de la Guerre et de la Marine;

« 5º Les voitures employées à la culture des terres, au transport des récoltes, à l'exploitation des fermes, soit qu'elles se rendent de la ferme aux champs ou des champs à la ferme, soit qu'elles servent au transport des objets récoltés, du lieu

____

(1) Voir *infra*, p. 59.

où ils ont été recueillis jusqu'à celui où, pour les conserver ou les manipuler, le cultivateur les dépose ou les rassemble.

« Des décrets déterminent les marques distinctives que doivent porter les voitures désignées aux paragraphes 3 et 4 et les titres dont les conducteurs doivent être munis ».

Délai d'application aux véhicules en service des prescriptions de l'article 5, alinéa 1. — Ce délai est d'*un an* (art. 5, dern. alin., et 60).

II. Dispositions spéciales aux véhicules automobiles et aux véhicules remorqués. — L'article 27 du nouveau « Code » déclare : « Indépendamment de la plaque prescrite par l'article 5 ci-dessus et portant les nom, prénom, profession et domicile du propriétaire, tout *véhicule automobile* doit porter d'une manière apparente, sur une ou plusieurs plaques métalliques, le nom du constructeur, l'indication du type et le numéro d'ordre dans la série du type, et, en outre, s'il s'agit d'un véhicule destiné à transporter des marchandises, le poids du véhicule à vide, et le poids du chargement maximum. Les *véhicules remorqués* doivent porter également sur une plaque métallique, l'indication de leur poids à vide et du poids de leur chargement maximum.

« Tout véhicule automobile doit, en outre, être pourvu de deux plaques d'identité portant un numéro d'ordre; ces plaques doivent être fixées en évidence d'une manière inamovible à l'avant et à l'arrière du véhicule. Le ministre des Travaux publics en arrête le modèle et le mode de pose, il détermine également l'attribution des numéros d'ordre aux intéressés. »

Ces prescriptions sont applicables sans délai aux véhicules en service lors de la promulgation du nouveau règlement, les prescriptions relatives à la vitesse, dont elles sont fonction, étant elles-mêmes d'application immédiate.

L'article 32, A, relatif aux *véhicules remorqués,* précise que : « Sont applicables aux véhicules remorqués les prescriptions du présent règlement relatives aux véhicules isolés visées aux articles 2, 3, 5 et *au premier alinéa de l'article 27...* — Le dernier véhicule remorqué doit toujours porter à l'arrière une plaque d'identité reproduisant la plaque d'arrière du véhicule tracteur visée au deuxième alinéa de l'article 27. — Toutefois, la plaque du véhicule remorqué pourra être amovible. »

III. DISPOSITIONS SPÉCIALES AUX CYCLES SANS MOTEUR MÉCANIQUE. — Article 51 : « Tout cycle doit porter une plaque métallique indiquant le nom et le domicile du propriétaire, ainsi qu'un numéro d'ordre, si le propriétaire est loueur de cycles. »

E) Prescriptions intéressant l'agencement et la disposition des organes de certaines voitures

Il ne suffit pas pour toutes les voitures d'être munies de frein, d'un signal avertisseur, d'un dispositif d'éclairage, de plaque. L'agencement de certaines d'entre elles, la disposition des organes de telles autres, sont, de plus, soumis à des règles déterminées.

I. Dispositions intérieures et extérieures des véhicules affectés aux services publics de transport en commun. — Aux termes de l'article 36 du décret du 27 mai 1921, « l'intérieur des véhicules affectés aux services publics de transport en commun doit être disposé de manière à assurer la sécurité et la commodité des voyageurs. Les indications relatives à l'itinéraire suivi doivent être placées à l'extérieur des véhicules d'une façon très apparente ».

Délai d'application aux véhicules en service des susdites dispositions. — *Un an* (art. 36, alin. 2, et 60).

Réception. — L'article 38 du nouveau « Code » dispose, du reste, qu' « aussitôt après la déclaration faite en vertu de l'article 34 (1), le préfet

____

(1) L'article 34 du décret du 27 mai 1921 impose, en effet, aux

ordonne la visite des véhicules afin de constater qu'ils ne présentent aucun vice de construction qui ne puisse occasionner des accidents et qu'ils satisfont aux conditions nécessaires pour assurer la commodité et la sécurité du transport des voyageurs.

« Cette visite, qui pourra être renouvelée toutes les fois que l'autorité le jugera nécessaire, est faite, en présence du commissaire de police et du représentant du directeur des Contributions indirectes, par un ou plusieurs experts que le préfet aura désignés.

« L'entrepreneur a la faculté de nommer de son côté un expert pour opérer contradictoirement avec celui de l'Administration. En cas de désaccord entre les experts, il sera statué par le préfet sur le vu de leurs avis.

« La visite des véhicules est faite à l'un des principaux établissements de l'entreprise; les frais sont à la charge de l'entrepreneur. »

II. DISPOSITION DES ORGANES MOTEURS, DE MANŒUVRE ET DE DIRECTION DES VÉHICULES AUTOMOBILES. — L'article 21 du nouveau règlement édicte : « Les organes d'un véhicule automobile doivent être disposés de façon à éviter tout danger

---

entrepreneurs de services publics en commun une déclaration à la préfecture, du siège principal de leur établissement, du nombre de leurs voitures, des places qu'elles contiennent, etc. Voir *infra*, p. 48.

d'incendie ou d'explosion : leur fonctionnement ne doit constituer aucune cause de danger ou d'incommodité.

« Les moteurs doivent être munis d'un dispositif d'échappement silencieux, dont l'emploi est obligatoire dans les agglomérations et quand l'automobile croise ou dépasse en rase campagne des bestiaux ou des animaux de selle, de trait ou de charge.

« L'appareil d'où procède la source d'énergie est soumis aux dispositions des règlements sur les appareils de même genre en vigueur ou à intervenir. »

Disposition excellente, que vient compléter l'article 22 du présent règlement : « Le véhicule doit être disposé de manière que la vue du conducteur soit bien dégagée vers l'avant.

« Le conducteur doit pouvoir actionner de son siège les organes de manœuvre et consulter les appareils indicateurs sans cesser de surveiller la route.

« Les organes de commande de la direction offriront toutes les garanties de solidité désirables.

« Les véhicules automobiles dont le poids à vide excède 350 kilos seront munis de dispositifs de marche arrière. »

Délai d'application des susdites prescriptions aux véhicules en service. — Un an (art. 21 et 22, dern. alin., art. 60).

RÉCEPTION. — L'article 26 du nouveau « Code » dispose, au surplus, que : « la constatation que les véhicules automobiles satisfont aux diverses prescriptions des articles 22, 23 et 24 ci-dessus (1), est faite par le Service des Mines soit par type de véhicule sur la demande du constructeur, soit par véhicule isolé sur la demande du propriétaire.

« Pour les *véhicules construits en France*, le constructeur doit demander la vérification de tous les types d'automobiles qu'il a établis ou qu'il établira. En ce qui concerne les *véhicules de provenance étrangère*, la vérification par type n'est admise que si le constructeur étranger possède en France un représentant spécialement accrédité auprès du ministre des Travaux publics. Dans ce cas, elle a lieu sur la demande dudit représentant.

« Lorsque le fonctionnaire du Service des Mines a constaté que le véhicule présenté satisfait aux prescriptions réglementaires, il dresse de ses opérations un procès-verbal dont une expédition est remise au demandeur.

« Le constructeur a la faculté de livrer au public un nombre quelconque de véhicules conformes à chacun des types qui ont été reconnus satisfaire au règlement. Il donne à chacun d'eux un numéro d'ordre dans la série à laquelle le véhicule appartient et il remet à l'acheteur une copie du procès-

---

(1) L'article 23 est relatif aux organes de freinage (Voir *supra*, p. 20); et l'article 24 à l'éclairage (Voir *supra*, p. 25, *in fine*, et s.).

verbal ainsi qu'un certificat attestant que le véhicule livré est entièrement conforme au type. Le certificat spécifie le maximum de vitesse que le véhicule est capable d'atteindre en palier. Pour les voitures de provenance étrangère, ce certificat doit être signé, pour le constructeur, par le représentant mentionné au deuxième alinéa du présent article.

« En cas de refus par les ingénieurs des Mines de dresser procès-verbal constatant que le véhicule présenté satisfait aux prescriptions réglementaires, les intéressés peuvent faire appel au ministre des Travaux publics qui statue après avis de la Commission centrale des Automobiles. »

La circulaire ministérielle du 30 mai 1921 souligne que l' « innovation de l'article 26, relatif à la réception des automobiles, consiste à admettre également pour les véhicules de provenance étrangère les facilités réservées jusqu'ici aux véhicules construits en France, c'est-à-dire la réception par type ». Mais encore faut-il que « la marque étrangère ait un représentant accrédité auprès du ministre des Travaux publics ».

II. — Prescriptions relatives à la circulation proprement dite.

Dans cette section, nous devrons étudier :

A) Les dispositions générales et spéciales à la CONDUITE des véhicules ;

B) Les dispositions générales et spéciales relatives à leur VITESSE; au *croisement* et *dépassement*, aux *bifurcations* et *croisées de chemins;*

C) Les règles intéressant le STATIONNEMENT.

A) DISPOSITIONS GÉNÉRALES ET SPÉCIALES
A LA CONDUITE DES VÉHICULES

a) DISPOSITIONS GÉNÉRALES. — CONDUITE DES VÉHICULES. — 1. — L'article 7 du « Code » de la route édicte : « Tout véhicule doit avoir un conducteur; cette règle ne souffre d'exception que dans les cas prévus par les articles 13 et 32 du présent règlement (1).

« Les bêtes de trait ou de charge et les bestiaux doivent être accompagnés.

« Les conducteurs doivent être constamment en état et en position de *diriger* leur véhicule ou de *guider* leurs attelages, bêtes de selle, de trait, de charge ou bestiaux. Ils sont tenus d'avertir de leur approche les autres conducteurs et les piétons.

« Ils peuvent *utiliser le milieu ou la partie droite de la chaussée;* mais il leur est formellement interdit de suivre la partie gauche, sauf en cas de dépassement ou de nécessité de virage. »

Toutefois, aux termes de l'article 12, « lorsqu'une *partie de la route a été aménagée spéciale-*

----

(1) Voir sur les articles 13 et 32, *infra*, p. 41-42 et p. 45 et s.

ment en trottoir ou piste, en vue de circulations dé-terminées (piétons, cavaliers, cyclistes, etc.), il est interdit d'y circuler, ou d'y stationner, avec d'autres modes de locomotion, sauf les dérogations prévues à l'article 54 ci-dessous » (1).

De plus, « peuvent seuls circuler pendant la *fermeture des barrières de dégel :*

« 1° Les courriers postaux;

« 2° Les véhicules destinés au transport des personnes et étrangers à un service public de transports en commun;

« 3° Les véhicules à traction animale, non chargés et les voitures à bras;

« 4° Les véhicules ne rentrant pas dans les catégories précédentes, sous réserve que le nombre des animaux d'attelage pour les véhicules à traction animale, ou le poids par essieu, pour les véhicules à traction mécanique, ne dépassent pas les limites qui seront fixées par le préfet, à raison du climat, du mode de construction et de l'état des chaussées, de la nature du sol et des autres circonstances locales.

« Tout véhicule pris en contravention aux dispositions du présent article sera arrêté et mis en fourrière, le tout sans préjudice de l'amende encourue et des frais de réparation des dommages causés à la voie publique » (art. 15) (2).

---

(1) Voir sur l'article 54, *infra*, p. 52.
(2) Cf. *supra*, p. 11.

II. — On ne saurait, en outre, conduire sur la route un chargement dont la largeur excéderait 2ᵐ 50. L'article 6 du décret du 27 mai 1921 porte, en effet : « *La largeur du chargement des véhicules ne peut excéder 2ᵐ 50.* » Toutefois, ajoute-t-il, « les préfets peuvent délivrer des permis de circulation pour les objets d'un grand volume qui ne seraient pas susceptibles d'être chargés dans ces conditions; ces permissions seront soumises aux règles fixées par l'article 14 ci-après (1).

« Sont affranchies de toute réglementation de largeur du chargement, les voitures d'agriculture lorsqu'elles sont employées au transport des récoltes de la ferme aux champs et des champs à la ferme ou au marché. »

L'alinéa 3 de l'article 6 contient encore une disposition très intéressante, qui ne saurait être passée sous silence. Nombreux sont les conducteurs qui auront quelque peine à s'y conformer. Cependant sa stricte observation est essentielle :

« Il est interdit d'établir sur les côtés des véhicules des sièges fixes ou mobiles faisant saillie sur la largeur du véhicule ou du chargement ou disposés de telle sorte que le conducteur assis sur ce siège ait tout ou partie du corps en dehors de cette largeur. »

Le dernier alinéa dudit article 6 indique que « les prescriptions du présent article ne sont appli-

---

(1) Voir *supra,* p. 7, *in fine,* et s.

cables aux matériels spéciaux de la guerre et de la marine qu'autant qu'elles ne sont pas incompatibles avec leur destination. »

b) DISPOSITIONS SPÉCIALES. — CONDUITE DES VÉHICULES A TRACTION ANIMALE ET CONVOIS. — 1. — *Véhicules à traction animale.* — L'article 18 du décret du 27 mai 1921 dispose : « Sauf dans les cas prévus à l'article 14 ci-dessus (1), il ne peut être attelé :

« 1° Aux véhicules servant au transport des marchandises plus de cinq chevaux ou bêtes de trait, s'il s'agit de véhicules à deux roues; plus de six bœufs ou de huit chevaux ou autres bêtes de trait s'il s'agit de véhicules à quatre roues, sans qu'il puisse y avoir plus de cinq animaux de file;

« 2° Aux véhicules servant au transport des personnes, plus de trois chevaux, s'il s'agit de véhicules à deux roues; plus de six, s'il s'agit de véhicules à quatre roues.

« *Quand le nombre de bêtes de trait est supérieur à six, il doit être adjoint un aide au conducteur* (2). »

Aux termes de l'article 19, « la limitation du nombre des chevaux d'attelage, fixée par l'article précédent, n'est (du reste) pas applicable sur les sections de routes offrant des rampes d'une déclivité ou d'une longueur exceptionnelles.

---

(1) Voir *supra,* p 7, *in fine,* et s.
(2) Cf. *supra,* p. 8.

« Ces sections de routes sont déterminées par arrêtés préfectoraux et leurs limites sont indiquées sur place par des poteaux portant l'inscription « renfort ».

« L'emploi d'animaux de renfort peut aussi être autorisé temporairement par le préfet sur les sections de routes où les travaux de réparations ou d'autres circonstances rendent cette mesure nécessaire. Dans ce cas, des poteaux provisoires sont posés pour indiquer les limites de ces sections ».

L'article 20 ajoute : « En temps de *neige* ou de *verglas*, les prescriptions relatives à la limitation du nombre des animaux de trait sont suspendues. »

11. — *Convois.* — « Par dérogation à l'article 7 ci-dessus, un convoi de véhicules à traction animale peut ne comporter qu'un conducteur par deux véhicules se suivant sans intervalle, à condition que le conducteur soit à pied et qu'aucun des véhicules n'ait d'animal attelé en flèche.

« Un convoi doit être fractionné en tronçons mesurant chacun 25 mètres de longueur au plus, attelages compris, pour les convois de véhicules à traction animale; en tronçons mesurant 50 mètres de longueur au plus, remorques comprises, pour les convois de véhicules automobiles.

« L'intervalle entre deux tronçons consécutifs doit être d'au moins 25 mètres dans le premier cas et de 50 mètres dans le second.

« Les dispositions du présent article ne sont pas applicables aux convois militaires. » (Art. 13.)

c) DISPOSITIONS SPÉCIALES. — CONDUITE DES VÉHICULES AUTOMOBILES. — Ces dispositions ont trait : 1° à l'autorisation de circuler; 2° au certificat de capacité nécessaire pour la conduite; 3° à la conduite elle-même.

I. — *Autorisation de circuler.* — L'article 28 du « Code » de la route dispose, en effet : « Tout propriétaire d'un véhicule automobile doit, avant de le mettre en circulation sur les voies publiques, adresser au préfet du département de sa résidence une déclaration faisant connaître ses nom et domicile et accompagnée d'une copie du procès-verbal dressé en exécution de l'article 26 ci-dessus (1).

« Un récépissé de sa déclaration est remis au propriétaire; ce récépissé indique le numéro d'ordre assigné au véhicule.

« La déclaration du propriétaire est communiquée sans délai au Service des Mines.

« La déclaration faite dans un département est valable pour toute la France. »

II. — *Certificat de capacité pour la conduite des automobiles.* — Aux termes de l'article 29, alinéa 1, du décret du 27 mai 1921, « nul ne peut conduire un véhicule automobile s'il n'est porteur d'un

---

(1) Voir *supra*, p. 85.

certificat de capacité délivré par le préfet du département de sa résidence, sur l'avis favorable du Service des Mines ».

Le « Code » de la route a donc maintenu, pour la conduite des automobiles, le certificat de capacité. Le projet de règlement de la Commission centrale des Automobiles n'en faisait pas mention. Mais sur cette délicate question, « la Commission avait été jusqu'à la fin très divisée ». Tout d'abord, elle avait manifesté des tendances favorables au maintien du certificat. Mais, finalement, les partisans de sa suppression l'avaient emporté. Ils avaient fait valoir que « la conduite d'un véhicule automobile est aujourd'hui devenue très facile, plus à la portée du grand nombre que celle d'un attelage pour laquelle aucune garantie de capacité n'est exigée ». Ils avaient insisté aussi sur « le peu de garanties offertes par l'examen ». Au surplus, avaient-ils ajouté non sans humour: « N'est-ce pas sur la voie publique, en conduisant des véhicules automobiles, que les candidats au certificat de capacité font leur apprentissage ? »

Toutes ces raisons n'ont pas convaincu le Conseil d'État, qui a demandé le maintien du certificat dont s'agit.

Les commissions d'avant-guerre n'avaient pas même discuté la possibilité de sa suppression. L'article 31 du premier projet (celui du 18 décembre 1911) portait : « Les permis de conduire ne pourront être délivrés qu'aux postulants âgés de dix-huit ans au moins. Ce minimum d'âge sera porté à vingt ans s'il s'agit de la conduite de voitures affectées au transport en commun des personnes ». Le second projet (celui de 1913) avait repris ce texte sans changement.

L'alinéa 2 de l'article 29 du « Code » de la route ajoute : « Un certificat de capacité spécial est institué pour les conducteurs de motocycles d'un poids intérieur à 150 kilos. »

Quant à l'alinéa 3, il dispose : « Après deux contraventions dans l'année, le certificat de capacité pourra être retiré par arrêté préfectoral, le titulaire entendu, et sur l'avis du Service des Mines. »

III. *Circulation.* — *Conduite.* — Article 30 : « Le conducteur d'un automobile est tenu de présenter à toute réquisition de l'autorité compétente :

« 1° Son certificat de capacité; 2° le récépissé de déclaration du véhicule.

« Il ne doit jamais quitter le véhicule sans avoir pris les précautions utiles pour prévenir tout accident, toute mise en route intempestive et pour supprimer tout bruit gênant du moteur.

« En cas de dérangement en cours de route, les réparations et la mise au point bruyantes doivent, sauf impossibilité absolue, être opérées à 100 mètres au moins de toute habitation. »

N. B. — *Des courses d'automobiles.* — L'article 33 du nouveau règlement, relatif aux courses d'automobiles, est ainsi conçu : « Lorsque le parcours d'une course d'automobiles est compris dans l'étendue d'un seul département, l'autorisation est donnée par le préfet, après avis des chefs de service de voirie et des maires des communes traversées.

« Lorsque le parcours comprend plusieurs départements, l'autorisation est délivrée par le ministre de l'Intérieur, sur l'avis des préfets des départements traversés, après consultation des chefs de service de voirie et des maires.

« Les frais de surveillance et autres occasionnés à l'Administration par la course sont supportés par les organisateurs de celle-ci, qui doivent déposer à cet effet une consignation préalable. »

d) DISPOSITIONS SPÉCIALES. — CONDUITE DES VÉHICULES TRACTEURS ET REMORQUÉS, ET DES TRAINS ROUTIERS. — I. — *Véhicules tracteurs et remorqués.* — L'article 32, A, alinéa 1 *in fine*, du « Code » de la route porte : « Sont applicables aux ensembles formés par les véhicules tracteurs et les véhicules remorqués les prescriptions de l'article 13 ci-dessus concernant les convois (1). »

Et l'alinéa 4 audit article 32, A, nous indique que « les attelages de fortune au moyen de cordes ou de tout autre dispositif ne sont tolérés qu'en cas de nécessité absolue et sous réserve d'une allure très modérée; des mesures doivent être prises

---

(1) Voir *supra*, p. 41 *in fine*, 42.

pour rendre ces attelages parfaitement visibles de jour comme de nuit. Lorsqu'un, même tracteur remorque plusieurs véhicules, il ne peut être employé de moyen de fortune que pour un seul des attelages ».

11. — *Trains routiers.* — Aux termes de l'article 32, C, « les trains comprenant plusieurs remorques ne peuvent être admis à circuler dans un département sans une autorisation délivrée par le préfet de ce département, après avis soit de l'ingénieur en chef des Ponts et Chaussées, soit de l'agent voyer en chef, soit de ces deux chefs de service, suivant la nature des routes et chemins parcourus.

« La demande doit indiquer :

« 1° Les routes et chemins que le pétitionnaire a l'intention de suivre;

« 2° Les poids en charge du tracteur et de chacune des remorques, ainsi que le poids de l'essieu le plus chargé;

« 3° La composition habituelle des trains et leur longueur totale;

« 4° La vitesse de marche prévue;

« 5° Le mode de freinage adopté en conformité des prescriptions de l'article 23.

« L'autorisation détermine les conditions que doivent remplir l'automobile et ses conducteurs, pour assurer la sécurité et la commodité de la circulation; en particulier elle fixe la vitesse maxima de marche, le nombre d'hommes qui doivent être attachés au service du train; en aucun cas, ce nombre ne saurait être inférieur à deux et il doit toujours être tel que si les freins des véhicules convoyés ne sont pas actionnés par le mécanicien, leur manœuvre soit confiée à autant de conducteurs spéciaux qu'il est nécessaire pour assurer la sécurité de la marche du train, eu égard aux déclivités du parcours et à la vitesse de marche. Les intéressés peuvent faire appel de la décision du préfet devant le ministre des Travaux publics qui statue après avis de la Commission centrale des Automobiles.

« Les prescriptions du présent article ne sont applicables aux matériels spéciaux des départements de la Guerre et de la Marine qu'autant qu'elles ne sont pas incompatibles avec leur destination (1). »

e) DISPOSITIONS SPÉCIALES. — CONDUITE DES VÉHICULES ATTELÉS OU AUTOMOBILES AFFECTÉS AUX SERVICES PUBLICS DE TRANSPORT EN COMMUN. — Ces dispositions ont trait : 1° à la déclaration que les entrepreneurs desdits services doivent faire

---

(1) Observons, en ce qui concerne les voies ferrées empruntant l'assiette des voies publiques, les *voies ferrées sur routes*, que le règlement du 27 mai 1921 ne leur est pas applicable. L'article 61 dudit règlement porte : « Le présent règlement ne s'appliquera pas aux voies ferrées empruntant l'assiette des voies publiques, ni aux véhicules servant à l'exploitation de ces voies ferrées qui continuent à être soumis aux règlement spéciaux les concernant. »

au préfet; 2° à l'autorisation de circuler (et de stationner); 3° aux obligations imposées aux conducteurs; 4° à la création et à l'organisation de relais.

I. *Déclaration.* — L'article 34 du décret du 27 mai 1921 dispose, en effet : « Les entrepreneurs de services publics en commun, par véhicules attelés ou automobiles, sont tenus de déclarer au préfet du département le siège principal de leur établissement, le nombre de leurs voitures, celui des places qu'elles contiennent, le lieu de la destination, les jours et heures de départ et d'arrivée.

« Tout changement aux dispositions ainsi arrêtées donne lieu à une déclaration nouvelle. »

II. *Autorisation de circuler (et de stationner).* — D'après l'article 39 du « Code » de la route, « aucun véhicule affecté aux services publics de transport en commun ne peut être mis en circulation sans une autorisation délivrée par le préfet après réception du véhicule, effectuée comme il est dit à l'article 38 ci-dessus (1). En ce qui concerne la mise en circulation des véhicules automobiles, cette réception ne dispense d'ailleurs pas des formalités prescrites au chapitre III du présent règlement.

« Le préfet transmet au directeur des Contri-

____

(1) Voir *supra*, p. 82 *in fine*, 83.

butions indirectes un extrait des autorisations qu'il a accordées. L'estampille prescrite par l'article 117 de la loi du 25 mars 1817 (1) n'est délivrée que sur le vu de l'autorisation qui doit être inscrite sur un registre spécial (2).

« Le retrait d'autorisation de circuler peut être prononcé par le préfet dans les mêmes formes que la réception s'il est constaté que le véhicule ne satisfait plus aux conditions voulues.

« Les points de stationnement sont fixés par arrêté préfectoral. »

III. *Obligations imposées aux conducteurs.* —

---

(1) L'article 117 de la loi de finances du 25 mars 1817 est ainsi conçu : « Avant que les voitures (publiques) déclarées puissent être mises en circulation, il sera apposé sur chacune d'elles, par les préposés de la Régie, une estampille... Il sera également délivré, pour chaque voiture, un laissez-passer conforme à la déclaration, dont les conducteurs devront toujours être porteurs. Les voitures déclarées ne pourront être changées, ni les estampilles placées sur de nouvelles voitures, sans une déclaration préalable. »

(2) L'article 40 du décret du 27 mai 1921 déclare que, « indépendamment de l'estampille délivrée par l'Administration des Contributions indirectes », « chaque véhicule affecté aux services publics de transport en commun doit porter à l'extérieur, dans un endroit apparent, le nom et le domicile de l'entrepreneur ».

Les alinéas 2 et 3 de l'article 40 contiennent, en outre, deux intéressantes dispositions : « Le nombre et le prix des places sont affichés à l'intérieur des compartiments.

« Les tarifs ne peuvent être modifiés qu'après que les changements prévus auront été affichés au moins pendant huit jours pleins par l'entrepreneur dans ses divers bureaux et à l'intérieur de ses véhicules. »

L'alinéa 4 indique que « le délai d'application des prescriptions du présent article aux véhicules en service lors de la promulgation du présent règlement est fixé par l'article 60 ci-après ». Ce délai est d'un *an*.

Article 41 : « Nul ne peut être admis à conduire des véhicules affectés aux services publics de transport en commun s'il n'est porteur d'un *certificat de bonne vie et mœurs* délivré par le maire de la commune de son domicile et, en outre, pour les véhicules automobiles, du *certificat de capacité* visé à l'article 29 ci-dessus (1).

« Les cochers de voitures attelées doivent être âgés de *seize ans* au moins et les conducteurs d'automobiles de *vingt ans* au moins (2).

« Dans les haltes, le receveur et le conducteur ne peuvent quitter en même temps le véhicule tant qu'il reste attelé ou que le moteur est en mouvement.

« Avant de donner le signal du départ, le receveur ou, à son défaut, le conducteur doit s'assurer que les dispositifs destinés à assurer la sécurité des voyageurs sont en place. »

IV. *Création et organisation de relais.* — Aux termes de l'article 43 du nouveau « Code », les entrepreneurs de transport en commun « sont tenus de faire, aux préfectures des départements intéressés, la déclaration des lieux où les relais sont situés, ainsi que la déclaration du nom des relayeurs. La déclaration est renouvelée chaque

---

(1) Voir *supra*, p. 42 et s.

(2) Cf. l'article 31 des projets du 18 décembre 1911 et de 1913 (*supra*, p. 43 *in fine*, 44).

fois que les entrepreneurs traitent avec un nouveau relayeur ».

Art. 44. — « Les relayeurs ou leurs préposés sont tenus d'être présents à l'arrivée et au départ de chaque véhicule et de s'assurer eux-mêmes, et sous leur responsabilité, que les conducteurs ne sont pas en état d'ivresse. La tenue des relais, en tout ce qui intéresse la sécurité des voyageurs, est surveillée par les maires des communes où ces relais se trouvent établis (1). »

N. B. — *Dispositions spéciales aux voitures internationales.* — L'article 46 du nouveau « Code » indique que « les véhicules, qui assurent un service international de transport en commun, sont soumis, en ce qui concerne les parcours sur le territoire français, aux prescriptions du présent règle-

---

(1) A noter les articles 45 et 47 du nouveau règlement :

« Art. 45. — A chaque bureau de départ et d'arrivée et à chaque relai, il doit exister un registre, coté et paraphé par le maire pour l'inscription des plaintes que les voyageurs peuvent avoir à formuler contre les conducteurs, cochers ou receveurs. Ce registre est présenté aux voyageurs à toute réquisition par le chef de bureau ou le relayeur. »

« Art. 47. — Les articles 34 et 45 doivent être constamment placardés par les soins des entrepreneurs dans le lieu le plus apparent des bureaux et des relais.

« Les articles 40 à 45 inclus doivent être imprimés à part et affichés dans l'intérieur de chacun des compartiments des véhicules. »

Les articles 34 et 45 ont trait à la déclaration et au registre des réclamations; les articles 40 à 45 inclus aux indications diverses et tarifs, aux obligations imposées aux conducteurs, au droit de passage (Voir *infra*, p. 66. note), à la création des relais, à leur organisation et au susdit registre des réclamations.

ment, sauf dérogation résultant d'un accord entre les gouvernements intéressés ».

f) DISPOSITIONS SPÉCIALES. — CYCLES. — L'article 54 est relatif à la réglementation de la *circulation* des cycles. Il dispose : « Par dérogation à l'article 12 ci-dessus (1), la circulation des cycles est admise sur les trottoirs à condition que les machines soient conduites à la main.

« En outre, le long des routes et chemins pavés ou en état de réfection, la circulation des cycles est tolérée, en dehors des agglomérations, sur les trottoirs et contre-allées affectées aux piétons. Mais, dans ce cas, les cyclistes sont tenus de prendre une allure modérée à la rencontre des piétons et de réduire leur vitesse au droit des habitations. »

g) DISPOSITIONS SPÉCIALES. — PIÉTONS. — TROUPEAUX. — Les articles 55 et 56 ont trait à la *circulation* des piétons et des troupeaux. Nous avons eu l'occasion de nous y référer à diverses reprises (2). Ils portent, nous le savons :

Piétons. — ART. 55. — « Sans préjudice des mesures de prudence qui leur incombent, les conducteurs de véhicules quelconques sont tenus d'avertir les piétons de leur approche.

______

(1) Voir *supra*, p. 37 *in fine*, 38.
(2) Voir *supra*, p. XIX, p. 23 *in fine*, 24, p. 28.

« Les piétons dûment avertis doivent se ranger pour laisser passer les véhicules, cycles, bêtes de trait, de charge ou de selle (1). »

Troupeaux. — ART. 56. — « Les troupeaux d'animaux de toute espèce, circulant sur les voies publiques, doivent être dirigés par un nombre suffisant de conducteurs, et menés de façon qu'ils n'occupent pas plus de la moitié de la largeur de la route et du chemin; ils ne peuvent y stationner.

« Lorsqu'ils circulent la nuit, leur présence doit être indiquée par un signal sonore ou lumineux.

« Lorsque plusieurs troupeaux circulent sur la même route ou le même chemin, ils doivent être séparés par une distance de 50 mètres au moins. »

Quant à l'article 57, il intéresse la *divagation* ou abandon des animaux sur la voie publique : « Sans préjudice des dispositions du Code pénal concernant les animaux malfaisants ou féroces, il est interdit de laisser vaguer sur les voies publiques un animal quelconque et d'y laisser à l'abandon des bêtes de trait, de charge ou de selle. »

Il va de soi (art. 58) qu' « il est défendu de faire

____

(1) Cf. la circulaire ministérielle du 30 mai 1921 : « L'article 55 qui garantit au piéton le droit d'être protégé par un avertissement du conducteur de tout véhicule, lui impose, par contre, l'obligation de déférer à cet appel en laissant momentanément la chaussée libre. Il résulte de cette astreinte imposée aux piétons le devoir pour les services de la voirie de dégager les accotements de tout dépôt et l'accès des trottoirs de tout obstacle qui seraient de nature à empêcher le piéton de trouver le refuge auquel il doit pouvoir prétendre. »

ou de laisser *paître* sur les voies publiques les animaux de toute espèce ».

B) Dispositions générales
et spéciales a la vitesse des véhicules.
Croisement et dépassement.
Bifurcations et croisées de chemins

Ce sont là dispositions essentielles, du plus haut intérêt. De leur économie et de leur rigoureuse observation dépendent surtout la sécurité et la commodité des routes.

I. — *Dispositions relatives à la vitesse.*

a) Dispositions générales. — L'article 8 du nouveau « Code » précise que « les conducteurs de véhicules quelconques, de bêtes de trait, de somme ou de selle, ou d'animaux doivent toujours marcher à une *allure modérée* dans la *traversée des agglomérations et toutes les fois que le chemin n'est pas parfaitement libre ou que la visibilité n'est pas assurée dans de bonnes conditions* ».

Règle parfaite! Puisse-t-elle n'être oubliée jamais!

b) Dispositions spéciales aux véhicules automobiles. — La question de savoir si une limitation de vitesse doit ou non être imposée aux véhicules automobiles a toujours été très vivement discutée.

Il est d'évidence qu'une vitesse démesurée, une « folle » vitesse peut, à tout instant, occasionner les pires accidents. D'autre part, l'étendue et la gravité des dégradations causées aux chaussées par les véhicules à traction mécanique, lourds et rapides, sont indéniables. M. Lorieux, ingénieur en chef des Ponts et Chaussées, disait, en termes excellents, à la Commission centrale des Automobiles : « Le seul remède connu jusqu'ici pour lutter contre les effets des poids lourds est l'emploi de revêtements spéciaux (pavages, revêtements à base de bitume, de goudron, etc.) pour la construction de la chaussée. Or, le prix très élevé avant la guerre (exorbitant aujourd'hui) de ces revêtements, suffit, toutes autres considérations mises à part, à empêcher l'application de ces systèmes de construction à toutes les routes du pays. Il faudra forcément se limiter aux grandes artères, et, en tout état de cause, des années sont nécessaires pour réaliser le programme des travaux qui va être soumis au Parlement. D'ailleurs, quel que soit le mode de revêtement employé, il est évident qu'au-dessus d'un certain poids et d'une certaine vitesse les automobiles causeront toujours des dégradations rapides aux chaussées. Des pavages ont été littéralement écrasés par des camions à bandage rigide dont le poids atteignait de 15 à 20 tonnes... »

Aussi la Commission centrale des Automobiles finit-elle par admettre toute liberté de vitesse pour les véhicules automobiles ne pesant pas plus de 3.000 kilos en charge, mais imposa, au contraire, des limites de vitesse, en fonction de leurs poids, à tous autres. Voici, du reste, l'article 32 du projet de la Commission des Automobiles :

« Sans préjudice, disait-il, des prescriptions de l'article 9 ci-dessus (1), la vitesse des véhicules automobiles est soumise aux règles ci-après :

« Le conducteur doit ralentir ou même arrêter le mouvement toutes les fois que le véhicule, en raison des circonstances ou de la disposition des lieux, pourrait être une cause d'accident, de désordre ou de gêne pour la circulation notamment dans les courbes, les fortes descentes, les sections de routes bordées d'habitations, les passages étroits et encombrés, les carrefours, lors d'un croisement ou d'un dépassement, ou encore lorsque sur la voie publique les bêtes de trait, de charge ou de selle ou les bestiaux conduits par des personnes manifestent à son approche des signes de frayeur.

« La vitesse des automobiles doit également être réduite dès la chute du jour et en cas de brouillard.

« En outre, les véhicules automobiles, dont le poids total en charge est supérieur à 3.000 kilos, sont astreints, suivant leur catégorie, à ne pas dépasser les vitesses maxima indiquées ci-après :

---

(1) Devenu l'article 8 du décret du 27 mai 1921 : voir *supra*, p. 54.

CATÉ- GORIES	POIDS TOTAL en charge	VITESSE MAXIMA		
		Véhicules munis de bandages rigides pendant le délai accordé par l'article 62 pour leur circulation) (1).	Véhicules munis de bandages élastiques	
			Véhicules affectés au transport des personnes	Autres véhicules
		km à l'heure	km à l'heure	km à l'heure
1re.	De 3.001 kilos à 4.500 kilos . . .	20	40	35
2e.	De 4.501 kilos à 8.000 kilos . . .	15	35	30
3e.	De 8.001 kilos à 11.000 kilos. . .	10	25	20
4e.	Au-dessus de 11.000 kilos. . .	5	15	10

« En aucun cas, la vitesse ne doit être une cause de dommage anormal pour la route ou le chemin et les ouvrages qui en dépendent. »

Le nouveau « Code » a consacré la distinction faite par le projet ci-dessus. L'article 31 du décret du 27 mai 1921 supprime toute limite de vitesse maxima pour les automobiles dont le poids total en charge ne dépasse pas 3.000 kilos, et reproduit ensuite le barème limitatif qui précède. Le texte de l'article 32 du projet de la Commission centrale

---

(1) Devenu l'article 60 du nouveau « Code » de la route, relatif aux délais d'application de certaines de ses dispositions aux véhicules en service lors de sa promulgation. Les prescriptions dudit « Code » intéressant les dimensions et la nature des bandages des roues (art. 2) ne deviendront applicables auxdits véhicules que dans un délai de cinq ans à dater de sa publication (Voir *supra*, p. 8 *in fine*, 4).

des Automobiles, devenu l'article 31 du nouveau
« Code », a, du reste, pour le surplus, été modifié
par le Conseil d'État. Le dernier alinéa de l'article 32 a été supprimé pour les raisons que nous
avons fait connaître (1). De plus, le Conseil d'État
a tenu à ce que le texte commençât par rappeler
la responsabilité que peut encourir le conducteur
d'automobiles et indiquer en termes exprès que
celui-ci doit rester constamment maître de sa vitesse. L'article 31 du nouveau « Code » édicte, en
définitive : « Sans préjudice des responsabilités
qu'il peut encourir à raison des dommages causés
aux personnes, aux animaux, aux choses ou à la
route, tout conducteur d'automobiles doit rester
constamment maître de sa vitesse. Il ralentira ou
même arrêtera le mouvement toutes les fois que
le véhicule, en raison des circonstances ou de la
disposition des lieux, pourrait être une cause d'accident, de désordre ou de gêne pour la circulation,
notamment dans les agglomérations, dans les
courbes, les fortes descentes, les sections de routes
bordées d'habitations, les passages étroits et encombrés, les carrefours, lors d'un croisement ou
d'un dépassement ou encore lorsque, sur la voie
publique, les bêtes de trait, de charge ou de selle,
ou les bestiaux montés ou conduits par des personnes, manifestent à son approche des signes de
frayeur.

---

(1) Voir *supra*, p. 10.

« La vitesse des automobiles doit également être réduite dès la chute du jour et en cas de brouillard.

« En outre, les véhicules automobiles, dont le poids total en charge est supérieur à 3.000 kilos, sont astreints, suivant leur catégorie, à ne pas dépasser les vitesses maxima indiquées ci-après :

CATÉ- GORIES	POIDS TOTAL en charge	VITESSE MAXIMA		
		Véhicules munis de bandages rigides (pendant le délai accordé par l'article 60 pour leur circulation).	Véhicules munis de bandages élastiques	
			Véhicules affectés au transport des personnes	Autres véhicules
		km à l'heure	km à l'heure	km à l'heure
1re.	De 3.001 kilos à 4.500 kilos . .	20	40	25 (1)
2e.	De 4.501 kilos à 8.000 kilos . . .	15	35	30
3e.	De 8.001 kilos à 11.000 kilos . . .	10	25	20
4e.	Au-dessus de 11.000 kilos. . .	5	15	10

Du reste, la circulaire ministérielle du 30 mai 1921 résume parfaitement toute cette question et fait entendre à l'automobiliste la voix de la sagesse, de la raison. La liberté n'est pas exclusive de la prudence, de la modération : elle ne va pas sans la maitrise... de soi et de sa vitesse. « La suppression de toute limite de vitesse maxima pour

---

(1) C'est évidemment 35 qu'il faut lire. Cf. le barème de la page 57.

les automobiles dont le poids total en charge ne dépasse pas 3.000 kilos, dit la circulaire, a été inspirée par le désir de ne pas entraver par des mesures inopportunes et qui risqueraient d'ailleurs d'être inefficaces, le développement d'un moyen de locomotion caractérisé par une vitesse supérieure à celle des anciens véhicules.

« Mais l'esprit libéral dans lequel a été conçue cette réforme ne confère nullement à l'automobiliste le droit d'abuser de la faculté qui lui est accordée : sa responsabilité civile et pénale serait engagée non seulement par les accidents de personnes qu'il pourrait provoquer, mais encore par les dommages qu'il causerait aux animaux accompagnés, aux choses d'autrui et à la route. L'article 31 impose au conducteur d'automobile de rester constamment maître de sa vitesse et prévoit, sans intention limitative d'ailleurs, quelques-uns des cas où la marche du véhicule devra obligatoirement être ralentie ou même suspendue (agglomérations, courbes, fortes descentes, sections de routes bordées d'habitations, passages étroits ou encombrés, carrefours, points de croisement ou de dépassement de véhicules ou d'animaux).

« C'est la même considération qui, pour les véhicules automobiles d'un poids supérieur à 3.000 kilos a fait juger indispensable l'établissement d'un barème limitatif de la vitesse selon le poids de ces véhicules. »

La circulaire ne manque pas d'ajouter, au surplus, que « les autres conducteurs sont, au même titre, astreints, par l'article 8, à une allure modérée à la traversée des agglomérations et dans toutes les circonstances qui imposent une marche prudente. De l'application ferme de ces dispositions dépendent, à la fois, la sécurité de la circulation et la conservation des chaussées » (1).

c) DISPOSITIONS SPÉCIALES AUX REMORQUES ET TRAINS ROUTIERS. — I. *Règles spéciales au cas d'une remorque unique.* — L'article 32, B, indique que « les limites de *vitesse* à observer sont celles fixées par l'article 31 ci-dessus pour la catégorie correspondant à la somme des poids en charge du tracteur et de la remorque; la vitesse est celle correspondant aux bandages rigides si le tracteur ou la remorque en est muni.

« Si le poids en charge de la remorque ne dépasse pas la moitié du poids à vide du tracteur, il n'est pas tenu compte de la remorque pour la limitation de vitesse qui reste déterminée par le poids en charge du tracteur seul en conformité de l'article 31 ci-dessus.

« Toutefois les véhicules même pesant en charge moins de 3.000 kilos et traînant une remorque ne devront, en aucun cas, marcher à une vitesse supérieure à 40 kilomètres à l'heure ».

____

(1) Cf. *Le Journal* du 19 mai 1921 : Le « Code » de la route.

11. *Règles spéciales au cas de plusieurs remor-ques (trains routiers)*. — L'article 32, C, qui soumet à une autorisation préalable du préfet la circulation de ces trains, indique que la demande aux fins d'autorisation doit porter, entre autres mentions, la « *vitesse de marche prévue* », et précise que l'autorisation doit fixer « la *vitesse maxima de marche* » (1).

d) DISPOSITIONS SPÉCIALES AUX CYCLES (2). — Qu'il nous suffise de reproduire les sages prescriptions de l'article 52 du nouveau « Code » : « Les cycles doivent prendre une allure modérée dans la traversée des agglomérations, ainsi qu'aux croisements, carrefours et tournants des voies publiques.

« Ils ne peuvent former dans les rues des groupes susceptibles de gêner la circulation. »

II. — *Dispositions relatives au croisement et au dépassement.*

Ces dispositions — également essentielles — sont contenues en l'article 9 du nouveau règlement. Cet article est ainsi conçu : « Les *conducteurs de véhicules quelconques*, de bêtes de trait,

---

(1) Le texte de l'article 32, C, a été reproduit *supra*, p. 46-47.

(2) *N. B.* — Le chapitre IV du nouveau règlement, consacré aux transports en commun, ne contient pas de dispositions relatives à la vitesse. Ce sont les articles 8 (véhicules attelés) et 31 (véhicules automobiles) qui doivent recevoir ici application.

de charge ou de selle, ou d'animaux doivent prendre leur droite pour *croiser* ou *se laisser dépasser*; ils doivent prendre à gauche pour dépasser.

« Ils doivent se ranger à droite à l'approche de tout véhicule ou animal accompagné. Lorsqu'ils sont croisés ou dépassés, ils doivent laisser libre à gauche le plus large espace possible et au moins la moitié de la chaussée quand il s'agit d'un autre véhicule ou d'un troupeau, ou 2 mètres quand il s'agit d'un piéton, d'un cycle ou d'un animal isolé.

« *Lorsqu'ils veulent dépasser* un autre véhicule, ils doivent, avant de prendre à gauche, s'assurer qu'ils peuvent le faire sans risquer une collision avec un véhicule ou animal venant en sens inverse.

« Il est interdit d'effectuer un dépassement quand la visibilité en avant n'est pas suffisante.

« Après un dépassement, un conducteur ne doit ramener son véhicule sur la droite qu'après s'être assuré qu'il peut le faire sans inconvénient pour le véhicule ou l'animal dépassé. »

Le sens des croisements et des dépassements n'est donc pas modifié. « On continuera à croiser à droite et à dépasser à gauche. Cette décision a été prise à la suite de longues discussions et en raison de la perturbation profonde qu'un changement d'habitudes invétérées n'aurait pas manqué de produire pendant une longue période dans nos campagnes. Au surplus, les avantages que les partisans du dépassement à droite invoquaient sont considérablement atténués par la possibilité aujourd'hui reconnue de construire des véhicules automobiles ayant le volant sur le côté gauche du siège (1). »

La question, en effet, a été discutée à fond à la Commission centrale des Automobiles, qui s'est ralliée au système consacré par le nouveau règlement du *statu quo ante*. La Commission de 1913 avait conclu, au contraire, à la modification de la réglementation actuelle, c'est-à-dire à l'adoption du système anglais : croisement à gauche, dépassement à droite.

« Cette divergence de vues, — lit-on dans le rapport de la Commission centrale des Automobiles, — s'explique fort bien. En 1913, les constructeurs d'automobiles se montraient nettement défavorables à l'installation du volant sur le côté gauche du véhicule; ils faisaient observer que les leviers de manœuvre devant nécessairement être maintenus à la droite du conducteur, se trouveraient au milieu du siège, à portée de la main des personnes assises près de lui et dont les vêtements risqueraient d'être tachés par l'huile de graissage, et, chose plus grave, d'entraver le fonctionnement des leviers. Dès lors que le conducteur devait être maintenu sur e côté droit du siège, il y avait un réel intérêt, au point de vue de la sécurité, à changer le sens du dépassement; car, de sa place, à droite, le conducteur dépassant à gauche un véhi-

____

(1) Voir *Le Journal* du 19 mai 1921 : Le « Code » de la route.

cule ne peut voir si la route est libre qu'après avoir découvert son propre véhicule et l'avoir exposé à être télescopé par un autre venant en sens inverse.

« L'on faisait, en outre, observer, — continue le rapport, — que l'homme est en général droitier, que de ce fait il a tendance à exécuter tous ses actes en laissant l'objet à droite; il se place à gauche de sa monture, cheval ou bicyclette, pour l'enfourcher ou en descendre. Quand il est à pied le charretier dirige son attelage en se plaçant à sa gauche et il l'attire sur la partie gauche de la chaussée pour pouvoir lui-même marcher sur le bas côté de la route, moins dur que l'empierrement.

« Le conducteur à pied se trouve donc placé, dans le croisement à droite et le dépassement à gauche, entre les deux véhicules et il ne peut pas se dégager si l'espace laissé libre est insuffisant...

« Mais les années de guerre ont apporté des éléments nouveaux... L'expérience portant sur des milliers de véhicules a démontré que les inconvénients redoutés du « volant à gauche » étaient plus illusoires que réels; le dispositif à peu près généralisé sur les taxis à Paris a fait ses preuves, et d'après les déclarations formelles de la plupart des constructeurs, membres de la Commission, la construction est nettement orientée aujourd'hui vers cette solution qui est reconnue avantageuse non seulement au point de vue de la visibilité pour le dépassement à gauche, mais aussi au point de vue de certains détails mécaniques... »

Dès lors, on comprend que projet de la Commission centrale des Automobiles et nouveau « Code » n'aient pas innové à cet égard, « qu'on continue à croiser à droite et à dépasser à gauche.» (1).

III. — *Dispositions relatives aux bifurcations et croisées de chemins.*

Les règles relatives aux bifurcations et croisées de chemins résultent de l'article 10 du nouveau règlement, ainsi conçu : « Tout conducteur de véhicule ou d'animaux, abordant une *bifurcation* ou une *croisée de chemins*, doit annoncer son approche ou vérifier que la voie est libre, marcher à allure modérée et serrer sur sa droite, surtout aux endroits où la visibilité est imparfaite.

------

(1) L'article 53 du décret du 27 mai 1921 consacre cet ancien système en ce qui concerne les *cyclistes*. « Les cyclistes, porte cet article, doivent prendre leur droite lorsqu'ils croisent des véhicules quelconques, des cycles ou des animaux, et leur gauche lorsqu'ils veulent les dépasser; dans ce dernier cas, ils sont tenus d'avertir le conducteur ou le cavalier au moyen de leur appareil sonore et de modérer leur allure. »

N. B. — Signalons ici l'article 42 du nouveau « Code », aux termes duquel : « lorsque, contrairement à l'article 9 du présent règlement, un roulier ou conducteur de véhicule quelconque, de bête de trait, de charge ou de selle ou d'animal, n'aura pas cédé la moitié de la chaussée à un *véhicule affecté à un service public de transport en commun*, le conducteur qui aurait à se plaindre de cette contravention en fait la déclaration avec tous renseignements et justifications à l'appui, à l'officier de police du lieu le plus rapproché.

« Celui-ci dresse procès-verbal de la déclaration et la transmet sur-le-champ au procureur de la République. »

« En dehors des agglomérations, la *priorité* de passage aux bifurcations et croisées de chemins est accordée aux véhicules circulant sur les routes nationales et sur les routes ou chemins qui leur seraient officiellement assimilés au point de vue de la circulation.

« En dehors des agglomérations, à la croisée des chemins de même catégorie au point de vue de la priorité, le conducteur est tenu de céder le passage au conducteur qui vient à sa droite.

« Dans les agglomérations, les mêmes règles sont applicables, sauf prescriptions spéciales édictées par l'autorité compétente. »

a). DROIT DE PRIORITÉ AUX VÉHICULES CIRCU-LANT SUR LES ROUTES NATIONALES OU ASSIMILÉES. — A toute bifurcation ou croisée de chemins, on doit « annoncer son approche, ou vérifier que la voie est libre, marcher à allure modérée et serrer sur sa droite ». C'est de toute prudence. Mais les véhicules circulant sur les routes nationales, ou sur des chemins qui viendraient à leur être assimilés, n'ont pas à observer nécessairement toutes ces prescriptions : aux bifurcations et croisées de chemins ils jouissent d'un *droit de priorité*, la priorité de passage! Le nouveau « Code » innove à cet égard.

La question de priorité de passage d'un véhicule sur un autre ne s'est naturellement posée que le jour où la différence d'allure des véhicules a été très marquée, très sensible. On comprend sans peine qu'un automobiliste, qui parcourt en quelques heures plusieurs centaines de kilomètres, ne puisse pas être arrêté ou seulement ralenti à la croisée de tous les chemins quels qu'ils soient.

« Les commissions successives qui se sont occupées du « Code » de la route se sont de prime abord montrées favorables à une réglementation accordant la priorité aux véhicules qui circulent sur le chemin le plus large. Mais ce système a été reconnu défectueux, parce que, ainsi que l'a fait observer le rapport de la Commission centrale des Automobiles, pratiquement on peut définir de différentes manières la largeur d'une route et qu'en tous cas l'appréciation de la différence de largeur entre deux voies se croisant est fort délicate, surtout pour les conducteurs d'automobiles marchant à vive allure.

« La Commission d'avant-guerre, ajoutait M. Lorieux, s'était arrêtée à un texte (art. 16) stipulant que tout véhicule débouchant d'un chemin sur un autre devait céder le pas à celui circulant sur un chemin appartenant à une catégorie administrative supérieure, les catégories de chemins étant classées dans l'ordre suivant : routes nationales, routes départementales, chemins de grande communication, chemins d'intérêt commun, chemins vicinaux ordinaires, chemins ruraux.

« De cette réglementation, il résultait qu'un automobiliste ou un voiturier débouchant, soit d'une route départementale sur une route nationale, soit d'un chemin d'intérêt commun sur une route nationale ou départementale ou sur un chemin de grande communication, devait céder le pas à tout véhicule abordant la bifurcation sur l'autre voie. »

Mais comment connaître toujours la catégorie administrative à laquelle appartient un chemin? La signalisation ayant pour effet de vous renseigner sur tout chemin comporte quelque difficulté : on ne peut guère espérer la réaliser demain.

Combien donc, en accordant expressément aux véhicules circulant sur les routes nationales ou assimilées, — mais sur celles-là seulement, — la priorité de passage aux bifurcations et croisées de chemins (1), la Commission centrale des Automobiles et le nouveau « Code » ont-ils été mieux inspirés! La solution adoptée est bien autrement pratique : ces routes, du moins, de par leur largeur, leurs accotements, sont connues du public. De plus, elles sont signalées, et leur signalisation peut être entretenue constamment en bon état. D'autre part, semblable solution est essentiellement logique et équitable. N'est-il pas, en effet, de toute raison, de toute équité que les véhicules qui circulent sur les routes dont s'agit, et y font,

---

(1) « Bien entendu, porte le rapport de la Commission centrale des Automobiles, tout conducteur circulant sur une voie qui ne jouit pas du droit de priorité doit, avant d'aborder une bifurcation, annoncer son approche et modérer son allure. »

d'ordinaire, un long trajet, bénéficient d'une telle priorité aux bifurcations et croisées de chemins? Les voitures automobiles, notamment, ne sauraient y être astreintes, — comme nous l'avons dit déjà, — à un ralentissement répété de leur vitesse. Le développement du moyen de locomotion exceptionnel qu'elles représentent se trouverait, du fait, singulièrement entravé.

Ce droit de priorité ainsi reconnu aux voitures circulant sur les routes nationales et assimilées, peut être même d'un réel intérêt pour celles qui, aux bifurcations ou croisées de chemins, doivent les laisser passer. En se conformant aux dispositions nouvelles, en leur cédant le pas, nombre d'accidents, en effet, pourront être évités... .

b) CROISEMENT DE DEUX CHEMINS D'UNE MÊME CATÉGORIE. — DROIT DE PRIORITÉ. — « Au croisement de deux chemins d'une même catégorie, le conducteur doit céder le passage à celui qui vient à sa droite. » C'est en ces termes que la circulaire ministérielle du 30 mai 1921 commente l'alinéa 3 de l'article 10, ci-dessus.

Observons que les règles édictées par le nouveau « Code » en notre matière sont applicables même « dans les agglomérations, sauf prescriptions spéciales édictées par l'autorité compétente » (art. 10, dern. alinéa).

Est-il besoin d'ajouter qu'aussi bien dans les agglomérations qu'en dehors, les conducteurs qui jouissent du droit de priorité susindiqué ne devront pas abandonner toute prudence? « Ces innovations, déclare la circulaire ministérielle, ne doivent pas exclure la prudence, ni dispenser les conducteurs de l'usage des signaux prescrits par l'article 35. »

C) Des règles concernant le stationnement des véhicules

Ainsi précisées les dispositions relatives à la CONDUITE des voitures, à leur VITESSE, et les prescriptions intéressant les *croisements* et *dépassements*, les *bifurcations* et *croisées de chemins*, il ne nous reste plus qu'à indiquer les règles concernant le STATIONNEMENT des véhicules.

Ici, du reste, il est permis d'être bref, ces règles n'offrant pas difficulté.

I. — *Dispositions générales relatives au stationnement des véhicules.*

L'article 11 du nouveau règlement édicte très sagement : « Il est interdit de laisser sans nécessité un véhicule stationner sur la voie publique'

« Les conducteurs ne peuvent abandonner leur véhicule avant d'avoir pris les précautions nécessaires pour éviter tout accident.

« Tout véhicule en stationnement sera placé de

manière à gêner le moins possible la circulation et à ne pas entraver l'accès des propriétés.

« Lorsqu'un véhicule est immobilisé par suite d'accident ou que tout ou partie d'un chargement tombe sur la voie publique sans pouvoir être immédiatement relevé, le conducteur doit prendre les mesures nécessaires pour garantir la sécurité de la circulation et notamment pour assurer, dès la chute du jour, l'éclairage de l'obstacle (1). »

II. — *Dispositions spéciales au stationnement des véhicules automobiles.*

L'article 30 du nouveau « Code » prend soin d'indiquer que le conducteur d'un automobile « ne doit jamais quitter le véhicule sans avoir pris les précautions utiles pour prévenir tout accident, toute mise en route intempestive et pour supprimer tout bruit gênant du moteur » (alinéa 3).

« En cas de dérangement en cours de route, les réparations et la mise au point bruyantes doivent, sauf impossibilité absolue, être opérées à 100 mètres au moins de toute habitation » (alinéa 4) (2).

---

(1) Cf. l'article 12, intéressant la circulation sur les pistes spéciales : « Lorsqu'une partie de la route a été aménagée spécialement en trottoir ou piste, en vue de circulations déterminées (piétons, cavaliers, cyclistes, etc.), il est interdit d'y circuler ou *d'y stationner* avec d'autres modes de locomotion, sauf les dérogations prévues à l'article 54 ci-dessous. » (*Supra*, p. 52.)

(2) Voir *supra*, p. 44.

III. — *Dispositions spéciales au stationnement des véhicules affectés aux services publics de transport en commun.*

Il suffit de rappeler ici l'alinéa 3 de l'article 41, relatif aux obligations imposées aux conducteurs desdits véhicules : « Dans les *haltes*, le receveur et le conducteur ne peuvent quitter en même temps le véhicule tant qu'il reste attelé ou que le moteur est en mouvement (1). »

---

(1) Voir *supra*, p. 50. — L'article 56, intéressant les *troupeaux*, porte « qu'ils ne peuvent *stationner* » sur les voies publiques (Voir *supra*, p. 53). Cf. l'article 58 défendant « de faire ou de laisser paître sur les voies publiques les animaux de toute espèce » (Voir *supra*, p. 53 *in fine*, 54).

RÉSUMÉ ET CONCLUSIONS

Telles sont les dispositions du nouveau « Code »
de la route. Leur étude nous confirme dans l'opi-
nion que nous exprimions sur son compte en le
feuilletant avant de le commenter. Il unifie bien
les règles de la circulation sur toutes les catégories
de chemins : « dans leur ensemble, — ainsi que le
déclare la circulaire du 30 mai 1921, — les prescriptions édictées s'appliquent à toutes les voies
ouvertes à la circulation publique »; il précise ces
règles ou en édicte de nouvelles d'un intérêt essen-
tiel pour la sécurité et la commodité de tous et
de chacun. D'autre part, il a pris telles mesures
propres à favoriser la protection de notre réseau
routier: nous les avons indiquées avec tout le soin
qu'elles comportent.

Le nouveau « Code » mérite donc les éloges dont
il a fait déjà l'objet; mais toutes ces règles, toutes
ces prescriptions qu'il consacre ou édicte, toutes
ces mesures qu'il prend ainsi ont fatalement
pour effet d'engager plus que jamais la responsabilité de tous propriétaires et conducteurs de véhicules quels qu'ils soient, et notamment des propriétaires et conducteurs des véhicules automo-

biles : responsabilité envers les personnes, les animaux accompagnés, les choses d'autrui, et la route. La circulaire n'en fait pas mystère.

Ce sont les conditions d'existence de cette responsabilité et les actions qui la sanctionnent que nous devrons étudier dans notre prochain fascicule. Mais qu'il nous soit dès aujourd'hui permis d'insister auprès de tous propriétaires et conducteurs à l'effet d'obtenir d'eux toute la vigilante attention, toute la rigoureuse prudence que public et juges réclament de leur part. Qu'ils ne compromettent pas, par leurs agissements, leur défense de demain devant les tribunaux, si la fatalité veut qu'ils y soient appelés ou qu'ils y comparaissent : qu'ils y soient eux-mêmes, grâce à leur prudence dont tous leur sauront gré, leurs propres défenseurs.

Que tout propriétaire ou conducteur de véhicule ne néglige pas enfin de s'assurer contre tous dommages dont il peut, demain, avoir à réparer les conséquences. Qui dit « obligation », dit « responsabilité ». Qui dit « responsabilité », dit « assurance ». Toutes ces notions vont de pair, marchent de conserve. Qu'aucun n'ait à regretter un jour d'avoir douté de ce postulat ou d'avoir négligé de le mettre en pratique...

ANNEXES

I

DÉCRET DU 27 MAI 1921
CONCERNANT LA RÉGLEMENTATION
DE L'USAGE DES VOIES OUVERTES
A LA CIRCULATION

(« *Code* » *de la Route*).

———

Le Président de la République Française,

Sur le rapport des ministres de l'Intérieur, des Finances et des Travaux publics;

Vu la loi du 30 mai 1851 sur la police du roulage et des messageries publiques, et notamment l'article 2 de cette loi;

Vu l'article 3 de la loi constitutionnelle du 25 février 1875;

Vu le décret du 10 août 1852, portant règlement d'administration publique sur la police du roulage et des messageries publiques, modifié et complété par les décrets des 24 février 1858 et 29 août 1863;

Vu les décrets des 10 mars 1899, 10 septembre 1901 et 4 septembre 1919, concernant la circulation des automobiles;

Le Conseil d'État entendu,

Décrète :

Art. 1. — L'usage des voies ouvertes à la circulation publique est régi par les dispositions du présent règlement.

CHAPITRE I

DISPOSITIONS APPLICABLES A TOUS LES VÉHICULES,
AUX BÊTES DE TRAIT, DE CHARGE ET AUX ANIMAUX
MONTÉS.

Pression sur le sol, forme et nature des bandages.

ART. 2. — La pression, exercée sur le sol par un
véhicule, ne doit à aucun moment pouvoir excéder
150 kilos par centimètre de largeur du bandage; cette
largeur est mesurée au contact avec un sol dur sur un
bandage neuf en état de fonctionnement normal.

Les bandages métalliques ne doivent présenter aucune saillie sur leurs surfaces prenant contact avec le
sol. Cette disposition n'est pas applicable pour les trajets entre la ferme et les champs, aux instruments
aratoires à traction animale et aux véhicules automobiles servant à l'agriculture. Toutefois, les roues
ou tables de roulement de ces instruments et véhicules
doivent être aménagées de manière à ne pas occasionner des dégradations anormales à la voie publique.

Les roues des véhicules automobiles servant au
transport des personnes et des marchandises, ainsi que
les roues de leurs remorques, doivent toutes être munies de bandage en caoutchouc ou de tous autres systèmes équivalents au point de vue de l'élasticité.

Les clous et rivets, fixés sur les bandages en caoutchouc en vue d'éviter le dérapage, doivent s'appuyer
sur le sol par une surface circulaire et plate d'au moins
10 millimètres de diamètre ne présentant aucune arête
vive et ne faisant pas saillie sur la surface de roulement de plus de 4 millimètres.

Le délai d'application des prescriptions du présent

article aux véhicules en service lors de la publication du présent règlement, est fixé par l'article 60 ci-après.

Les prescriptions du présent article ne sont applicables aux matériels spéciaux des départements de la Guerre et de la Marine qu'autant qu'elles ne sont pas incompatibles avec leur destination.

Gabarit des véhicules.

Art. 3. — Dans une section transversale, la largeur d'un véhicule, toutes saillies comprises, ne doit nulle part être supérieure à 2^m 50. L'extrémité de la fusée et le moyeu, toutes pièces accessoires comprises, ne doivent pas faire saillie sur le reste du contour extérieur du véhicule.

Seuls peuvent faire exception à cette dernière règle :

1º Les instruments aratoires;

2º Les véhicules à traction animale dont la carosserie ne surplombe pas les roues ou qui ne sont pas pourvus d'ailes ou de garde-boue; dans ce cas, le point le plus saillant de la fusée ou du moyeu, toutes pièces accessoires comprises, ne doit pas faire saillie de plus de 18 centimètres sur le plan passant par le bord extérieur du bandage.

Le délai d'application des prescriptions ci-dessus, aux véhicules en service lors de la promulgation du présent règlement, est fixé par l'article 60 ci-après.

Les prescriptions des paragraphes précédents ne sont applicables aux matériels spéciaux des départements de la Guerre et de la Marine qu'autant qu'elles ne sont pas incompatibles avec leur destination.

Les chaînes et autres accessoires, mobiles ou flottants, doivent être fixés au véhicule de manière à ne pas sortir, dans leurs oscillations, du contour extérieur du véhicule et à ne pas traîner sur le sol.

Éclairage.

ART. 4. — Sans préjudice des prescriptions spéciales des articles 24 et 37 ci-après, aucun véhicule marchant isolément ne peut circuler après la tombée du jour sans être signalé vers l'avant par un ou deux feux blancs et vers l'arrière par un feu rouge.

L'un des feux blancs ou le feu blanc, s'il est unique, est placé sur le côté gauche du véhicule. Il en est de même du feu rouge. Celui-ci peut être produit par le même foyer lumineux que le feu gauche d'avant dans le cas où la longueur totale du véhicule, chargement compris, n'excède pas 6 mètres.

Toutefois, les voitures agricoles se rendant de la ferme aux champs ou des champs à la ferme, pourront n'être éclairées qu'au moyen d'un falot porté à la main. Il ne sera exigé, pour les voitures à bras, qu'un feu unique, coloré ou non.

Quand les véhicules marchent en convoi, dans les conditions fixées par l'article 13 du présent règlement, le premier véhicule de chaque groupe de deux voitures se suivant sans intervalle doit être pourvu d'au moins un feu blanc à l'avant et le second d'un feu rouge à l'arrière.

Le délai d'application des prescriptions du présent article aux véhicules en service lors de la promulgation du présent règlement est fixé par l'article 60 ci-après.

Plaques.

ART. 5. — Indépendamment des plaques spéciales aux automobiles définies à l'article 27 ci-après, tout propriétaire est tenu de faire apposer d'une manière très apparente, sur les véhicules lui appartenant, une plaque métallique portant, en caractères lisibles, ses nom, prénom et domicile.

Sont exceptées de cette disposition :

1° Les voitures à bras ;

2° Les voitures à traction animale destinées au transport des personnes et étrangères à un service public de transports en commun ;

3° Les voitures appartenant à l'Administration des Postes ;

4° Les voitures, chariots et fourgons appartenant aux départements de la Guerre et de la Marine ;

5° Les voitures employées à la culture des terres, au transport des récoltes, à l'exploitation des fermes, soit qu'elles se rendent de la ferme aux champs ou des champs à la ferme, soit qu'elles servent au transport des objets récoltés, du lieu où ils ont été recueillis jusqu'à celui où, pour les conserver ou les manipuler, le cultivateur les dépose ou les rassemble.

Des décrets déterminent les marques distinctives que doivent porter les voitures désignées aux paragraphes 3 et 4 et les titres dont les conducteurs doivent être munis.

Le délai d'application des prescriptions du premier alinéa du présent article aux véhicules en service lors de la promulgation du présent règlement est fixé par l'article 60 ci-après.

Largeur du chargement.

ART. 6. — La largeur du chargement des véhicules ne peut excéder 2^m 50. Toutefois les préfets des départements peuvent délivrer des permis de circulation pour les objets d'un grand volume qui ne seraient pas susceptibles d'être chargés dans ces conditions ; ces permissions seront soumises aux règles fixées par l'article 14 ci-après.

Sont affranchies de toute réglementation de largeur du chargement, les voitures d'agriculture lorsqu'elles sont employées au transport des récoltes de la ferme aux champs et des champs à la ferme ou au marché.

Il est interdit d'établir sur les côtés des véhicules des sièges fixes ou mobiles faisant saillie sur la largeur du véhicule ou du chargement ou disposés de telle sorte que le conducteur assis sur ce siège ait tout ou partie du corps en dehors de cette largeur.

Les prescriptions du présent article ne sont applicables aux matériels spéciaux de la Guerre et de la Marine qu'autant qu'elles ne sont pas incompatibles avec leur destination.

Conduite des véhicules et des animaux.

Art. 7. — Tout véhicule doit avoir un conducteur; cette règle ne souffre d'exception que dans les cas prévus par les articles 13 et 32 du présent règlement.

Les bêtes de trait ou de charge et les bestiaux doivent être accompagnés.

Les conducteurs doivent être constamment en état et en position de diriger leur véhicule ou de guider leurs attelages, bêtes de selle, de trait, de charge ou bestiaux. Ils sont tenus d'avertir de leur approche les autres conducteurs et les piétons.

Ils peuvent utiliser le milieu ou la partie droite de la chaussée; mais il leur est formellement interdit de suivre la partie gauche, sauf en cas de dépassement ou de nécessité de virage.

Vitesse.

Art. 8. — Les conducteurs de véhicules quelconques, de bêtes de trait, de somme ou de selle, ou d'animaux doivent toujours marcher à une allure modérée dans la traversée des agglomérations et toutes les fois que le chemin n'est pas parfaitement libre ou que la visibilité n'est pas assurée dans de bonnes conditions.

Croisement et dépassement.

Art. 9. — Les conducteurs de véhicules quelconques, de bêtes de trait, de charge ou de selle, ou d'animaux doivent prendre leur droite pour croiser ou se laisser dépasser; ils doivent prendre à gauche pour dépasser.

Ils doivent se ranger à droite à l'approche de tout véhicule ou animal accompagné. Lorsqu'ils sont croisés ou dépassés, ils doivent laisser libre à gauche le plus large espace possible et au moins la moitié de la chaussée quand il s'agit d'un autre véhicule ou d'un troupeau, ou 2 mètres quand il s'agit d'un piéton, d'un cycle ou d'un animal isolé.

Lorsqu'ils veulent dépasser un autre véhicule, ils doivent, avant de prendre à gauche, s'assurer qu'ils peuvent le faire sans risquer une collision avec un véhicule ou animal venant en sens inverse.

Il est interdit d'effectuer un dépassement quand la visibilité en avant n'est pas suffisante.

Après un dépassement, un conducteur ne doit ramener son véhicule sur la droite qu'après s'être assuré qu'il peut le faire sans inconvénient pour le véhicule ou l'animal dépassé.

Bifurcations et croisées de chemins.

Art. 10. — Tout conducteur de véhicule ou d'animaux, abordant une bifurcation ou une croisée de chemins, doit annoncer son approche ou vérifier que la voie est libre, marcher à allure modérée et serrer sur sa droite, surtout aux endroits où la visibilité est imparfaite.

En dehors des agglomérations, la priorité de passage aux bifurcations et croisées de chemins est accordée aux véhicules circulant sur les routes nationales et sur les routes ou chemins qui leur seraient officiellement assimilés au point de vue de la circulation.

En dehors des agglomérations, à la croisée des chemins de même catégorie au point de vue de la priorité, le conducteur est tenu de céder le passage au conducteur qui vient à sa droite.

Dans les agglomérations, les mêmes règles sont applicables, sauf prescriptions spéciales édictées par l'autorité compétente.

Stationnement des véhicules.

Art. 11. — Il est interdit de laisser sans nécessité un véhicule stationner sur la voie publique.

Les conducteurs ne peuvent abandonner leur véhicule avant d'avoir pris les précautions nécessaires pour éviter tout accident.

Tout véhicule en stationnement sera placé de manière à gêner le moins possible la circulation et à ne pas entraver l'accès des propriétés.

Lorsqu'un véhicule est immobilisé par suite d'accident ou que tout ou partie d'un chargement tombe sur la voie publique sans pouvoir être immédiatement

relevé, le conducteur doit prendre les mesures nécessaires pour garantir la sécurité de la circulation et notamment pour assurer, dès la chute du jour, l'éclairage de l'obstacle.

Circulation sur les pistes spéciales.

Art. 12. — Lorsqu'une partie de la route a été
aménagée spécialement en trottoir ou piste, en vue
de circulations déterminées (piétons, cavaliers, cyclistes, etc.), il est interdit d'y circuler ou d'y stationner avec d'autres modes de locomotion, sauf les
dérogations prévues à l'article 54 ci-dessous.

Convois.

Art. 13. — Des véhicules groupés en vue d'un trajet
à faire de conserve forment un convoi.

Par dérogation à l'article 7 ci-dessus, un convoi de
véhicules à traction animale peut ne comporter qu'un
conducteur par deux véhicules se suivant sans intervalle, à condition que le conducteur soit à pied et
qu'aucun des véhicules n'ait d'animal attelé en flèche.

Un convoi doit être fractionné en tronçons mesurant chacun 25 mètres de longueur au plus, attelages
compris, pour les convois de véhicules à traction animale; en tronçons mesurant 50 mètres de longueur
au plus, remorques comprises, pour les convois de
véhicules automobiles.

L'intervalle entre deux tronçons consécutifs doit
être d'au moins 25 mètres dans le premier cas et de
50 mètres dans le second.

Les dispositions du présent article ne sont pas applicables aux convois militaires.

Transports exceptionnels.

Art. 14. — Lorsqu'il y a lieu de transporter des objets indivisibles de dimensions et de poids considérables, exigeant un attelage supérieur à celui qui est déterminé par l'article 18 du présent règlement ou dépassant les limites de charge fixées par l'article 2, ou ayant une largeur de chargement supérieure à celle qui est fixée par l'article 6, ou, enfin, susceptibles de compromettre le passage des autres véhicules sur une route ou un chemin, les conditions de leur transport sont fixées par les préfets des départements parcourus après avis des ingénieurs des Ponts et Chaussées ou des agents voyers.

Les arrêtés pris en vertu des dispositions qui précèdent mentionneront l'itinéraire à suivre et les mesures à prendre pour assurer la facilité et la sécurité de la circulation publique, et pour empêcher tout dommage aux routes et aux chemins, aux ouvrages d'art et aux plantations.

Barrières de dégel.

Art. 15. — Les préfets, pour les routes nationales et départementales, les chemins de grande communication et d'intérêt commun, et les routes forestières, les maires, pour les autres voies, peuvent ordonner l'établissement de barrière de dégel.

Peuvent seuls circuler pendant la fermeture de ces barrières :

1º Les courriers postaux ;

2º Les véhicules destinés au transport des personnes et étrangers à un service public de transport en commun ;

3º Les véhicules à traction animale non chargés et les voitures à bras;

4º Les véhicules ne rentrant pas dans les catégories précédentes, sous réserve que le nombre des animaux d'attelage pour les véhicules à traction animale, ou le poids par essieu, pour les véhicules à traction mécanique, ne dépassent pas les limites qui seront fixées par le préfet, à raison du climat, du mode de construction et de l'état des chaussées, de la nature du sol et des autres circonstances locales.

Tout véhicule pris en contravention aux dispositions du présent article sera arrêté et mis en fourrière, le tout sans préjudice de l'amende encourue et des frais de réparation des dommages causés à la voie publique.

Passage des ponts.

ART. 16. — Sur les ponts qui n'offriraient pas toutes les garanties nécessaires à la sécurité du passage, le préfet ou le maire, suivant la nature des voies, peuvent prendre toutes dispositions qui seront jugées nécessaires pour assurer cette sécurité.

Le maximum de la charge autorisée et les mesures prescrites pour la protection et le passage de ces ponts sont, dans tous les cas, placardés à leur entrée et à leur sortie de manière à être parfaitement visibles des conducteurs.

Dans les circonstances urgentes, les maires peuvent prendre les mesures provisoires que leur paraît commander la sécurité publique, sauf à en rendre compte à l'autorité supérieure.

CHAPITRE II

DISPOSITIONS SPÉCIALES AUX VÉHICULES
A TRACTION ANIMALE

Freins.

ART. 17. — Si la topographie l'exige, le préfet peut imposer sur certaines voies l'obligation de munir tout véhicule d'un frein ou d'un dispositif d'enrayage.

Nombre d'animaux d'un attelage.

ART. 18. — Sauf dans les cas prévus à l'article 14 ci-dessus, il ne peut être attelé :

1° Aux véhicules servant au transport des marchandises plus de cinq chevaux ou bêtes de trait, s'il s'agit de véhicules à deux roues; plus de six bœufs ou de huit chevaux ou autres bêtes de trait, s'il s'agit de véhicules à quatre roues, sans qu'il puisse y avoir plus de cinq animaux de file;

2° Aux véhicules servant au transport des personnes, plus de trois chevaux, s'il s'agit de véhicules à deux roues; plus de six, s'il s'agit de véhicules à quatre roues.

Quand le nombre de bêtes de trait est supérieur à six, il doit être adjoint un aide au conducteur.

Renforts.

ART. 19. — La limitation du nombre des animaux d'attelage, fixée par l'article précédent, n'est pas applicable sur les sections de routes offrant des rampes d'une déclivité ou d'une longueur exceptionnelles.

Ces sections de routes sont déterminées par arrêtés préfectoraux et leurs limites sont indiquées sur place par des poteaux portant l'inscription « renfort ».

L'emploi d'animaux de renfort peut aussi être autorisé temporairement par le préfet sur les sections de routes où les travaux de réparations ou d'autres circonstances rendent cette mesure nécessaire. Dans ce cas, des poteaux provisoires sont posés pour indiquer les limites de ces sections.

Neige ou verglas.

ART. 20. — En temps de neige ou de verglas, les prescriptions relatives à la limitation du nombre des animaux de trait sont suspendues.

CHAPITRE III

DISPOSITIONS SPÉCIALES AUX VÉHICULES AUTOMOBILES

Organes moteurs.

ART. 21. — Les organes d'un véhicule automobile doivent être disposés de façon à éviter tout danger d'incendie ou d'explosion; leur fonctionnement ne doit constituer aucune cause de danger ou d'incommodité.

Les moteurs doivent être munis d'un dispositif d'échappement silencieux, dont l'emploi est obligatoire dans les agglomérations et quand l'automobile croise ou dépasse en rase campagne, des bestiaux ou des animaux de selle, de trait ou de charge.

L'appareil d'où procède la source d'énergie est soumis aux dispositions des règlements sur les appareils de même genre en vigueur ou à intervenir.

Le délai d'application des prescriptions du présent article aux véhicules en service lors de la promulgation du présent règlement est fixé par l'article 60 ci-après.

Organes de manœuvre et de direction.

ART. 22. — Le véhicule doit être disposé de manière que la vue du conducteur soit bien dégagée vers l'avant.

Le conducteur doit pouvoir actionner de son siège les organes de manœuvre et consulter les appareils indicateurs sans cesser de surveiller la route.

Les organes de commande de la direction offriront toutes les garanties de solidité désirables.

Les véhicules automobiles dont le poids à vide excède 350 kilos seront munis de dispositifs de marche arrière.

Le délai d'application des prescriptions du précédent paragraphe aux véhicules en service lors de la promulgation du présent règlement est fixé par l'article 60 ci-après.

Organes de freinage.

ART. 23. — Tout véhicule automobile doit être pourvu de deux systèmes de freinage à commande et transmission indépendantes; ces freins doivent être suffisamment puissants pour arrêter et immobiliser le véhicule sous les plus fortes déclivités.

L'un au moins des systèmes de freinage doit agir directement sur les roues ou sur des couronnes immédiatement solidaires de celles-ci.

Dans le cas d'un véhicule à avant-train moteur,

l'un des systèmes de freinage à la disposition du conducteur doit agir sur les roues arrières du véhicule.

Les remorques uniques sont exemptées de l'obligation des freins. Dans le cas de train routier, chaque véhicule doit être muni d'un système de freinage satisfaisant aux conditions du premier alinéa du présent article et susceptible d'être actionné, soit par le conducteur à son poste sur l'automobile, soit par un conducteur spécial.

Le délai d'application des prescriptions du présent article aux véhicules en service lors de la promulgation du présent règlement est fixé par l'article 60 ci-après.

Éclairage.

Art. 24. — Tout véhicule automobile, autre que la motocyclette, doit être muni, dès la chute du jour, à l'avant de deux lanternes à feu blanc et à l'arrière d'une lanterne à feu rouge placée à gauche.

Pour la motocyclette, l'éclairage peut être réduit soit à un feu visible de l'avant et de l'arrière, soit même, quand un appareil à surface réfléchissante rouge est établi à l'arrière, à un feu visible de l'avant seulement.

En rase campagne, tout véhicule marchant à une vitesse supérieure à 20 kilomètres à l'heure devra porter au moins un appareil supplémentaire ayant une puissance suffisante pour éclairer la route à 100 mètres en avant.

L'emploi de lumières aveuglantes est toujours interdit dans les agglomérations pourvues d'un éclairage public; il ne peut être admis en dehors de ces agglomérations que si le faisceau de rayon aveuglant ne s'élève pas à plus d'un mètre du sol.

Dès la chute du jour, les automobiles isolés doivent être munis d'un dispositif lumineux capable de rendre lisible le numéro inscrit sur la plaque arrière et dont l'apposition est prescrite par l'article 27 du présent règlement. Dans le cas de véhicules remorqués par un automobile, ce dispositif d'éclairage ainsi que le feu rouge d'arrière doivent être reportés à l'arrière de la dernière remorque qui doit également porter le numéro du véhicule tracteur, conformément à l'article 32 ci-après.

Le délai d'application des prescriptions du présent article aux véhicules en service lors de la promulgation du présent règlement est fixé par l'article 60 ci-après.

Signaux sonores.

Art. 25. — En rase campagne, l'approche de tout véhicule automobile doit être signalée, en cas de besoin, au moyen d'un appareil sonore susceptible d'être entendu à 100 mètres au moins et différent des types de signaux spécialisés à d'autres usages par des règlements d'administration publique ou des arrêtés ministériels.

Dans les agglomérations, l'usage de la trompe est seul permis.

Réception.

Art. 26. — La constatation que les véhicules automobiles satisfont aux diverses prescriptions des articles 22, 23 et 24 ci-dessus est faite par le service des mines soit par type de véhicule sur la demande du constructeur, soit par véhicule isolé sur la demande du propriétaire.

Pour les véhicules construits en France, le constructeur doit demander la vérification de tous les types d'automobiles qu'il a établis ou qu'il établira. En ce qui concerne les véhicules de provenance étrangère, la vérification par type n'est admise que si le constructeur étranger possède en France un représentant spécialement accrédité auprès du ministre des Travaux publics. Dans ce cas, elle a lieu sur la demande dudit représentant.

Lorsque le fonctionnaire du service des mines a constaté que le véhicule présenté satisfait aux prescriptions réglementaires, il dresse de ses opérations un procès-verbal dont une expédition est remise au demandeur.

Le constructeur a la faculté de livrer au public un nombre quelconque de véhicules conformes à chacun des types qui ont été reconnus satisfaire au règlement. Il donne à chacun d'eux un numéro d'ordre dans la série à laquelle le véhicule appartient et il remet à l'acheteur une copie du procès-verbal ainsi qu'un certificat attestant que le véhicule livré est entièrement conforme au type. Le certificat spécifie le maximum de vitesse que le véhicule est capable d'atteindre en palier. Pour les voitures de provenance étrangère, ce certificat doit être signé, pour le constructeur, par le représentant mentionné au deuxième alinéa du présent article.

En cas de refus par les ingénieurs des mines de dresser procès-verbal constatant que le véhicule présenté satisfait aux prescriptions réglementaires, les intéressés peuvent faire appel au ministre des Travaux publics qui statue après avis de la Commission centrale des automobiles.

Plaques.

Art. 27. — Indépendamment de la plaque prescrite par l'article 5 ci-dessus et portant les nom, prénoms, profession et domicile du propriétaire, tout véhicule automobile doit porter d'une manière apparente, sur une ou plusieurs plaques métalliques, le nom du constructeur, l'indication du type et le numéro d'ordre dans la série du type, et, en outre, s'il s'agit d'un véhicule destiné à transporter des marchandises, le poids du véhicule à vide, et le poids du chargement maximum. Les véhicules remorqués doivent porter également, sur une plaque métallique, l'indication de leur poids à vide et du poids de leur chargement maximum.

Tout véhicule automobile doit, en outre, être pourvu de deux plaques d'identité portant un numéro d'ordre ; ces plaques doivent être fixées en évidence d'une manière inamovible à l'avant et à l'arrière du véhicule. Le ministre des Travaux publics en arrête le modèle et le mode de pose, il détermine également l'attribution des numéros d'ordre aux intéressés.

Autorisation de circuler.

Art. 28. — Tout propriétaire d'un véhicule automobile doit, avant de le mettre en circulation sur les voies publiques, adresser au préfet du département de sa résidence une déclaration faisant connaître ses nom et domicile et accompagnée d'une copie du procès-verbal dressé en exécution de l'article 26 ci-dessus.

Un récépissé de sa déclaration est remise au propriétaire ; ce récépissé indique le numéro d'ordre assigné au véhicule.

La déclaration du propriétaire est communiquée sans délai au service des mines.

La déclaration faite dans un département est valable pour toute la France.

Certificat de capacité pour la conduite des automobiles.

ART. 29. — Nul ne peut conduire un véhicule automobile s'il n'est porteur d'un certificat de capacité délivré par le préfet du département de sa résidence, sur l'avis favorable du service des mines.

Un certificat de capacité spécial est institué pour les conducteurs de motocycles d'un poids inférieur à 150 kilos.

Après deux contraventions dans l'année, le certificat de capacité pourra être retiré par arrêté préfectoral, le titulaire entendu et sur l'avis du service des mines.

Circulation des automobiles.

ART. 30. — Le conducteur d'un automobile est tenu de présenter à toute réquisition de l'autorité compétente :

1º Son certificat de capacité; 2º le récépissé de déclaration du véhicule.

Il ne doit jamais quitter le véhicule sans avoir pris les précautions utiles pour prévenir tout accident, toute mise en route intempestive et pour supprimer tout bruit gênant du moteur.

En cas de dérangement en cours de route, les réparations et la mise au point bruyantes doivent, sauf impossibilité absolue, être opérées à 100 mètres au moins de toute habitation.

Vitesse.

ART. 31. — Sans préjudice des responsabilités qu'il peut encourir à raison des dommages causés aux personnes, aux animaux, aux choses ou à la route, tout conducteur d'automobile doit rester constamment maître de sa vitesse. Il ralentira ou même arrêtera le mouvement toutes les fois que le véhicule, en raison des circonstances ou de la disposition des lieux, pourrait être une cause d'accident, de désordre ou de gêne pour la circulation, notamment dans les agglomérations, dans les courbes, les fortes descentes, les sections de routes bordées d'habitations, les passages étroits et encombrés, les carrefours, lors d'un croisement ou d'un dépassement ou encore lorsque, sur la voie publique, les bêtes de trait, de charge ou de selle ou les bestiaux montés ou conduits par des personnes, manifestent à son approche des signes de frayeur.

La vitesse des automobiles doit également être réduite dès la chute du jour et en cas de brouillard.

En outre, les véhicules automobiles, dont le poids total en charge est supérieur à 3.000 kilos, sont astreints, suivant leur catégorie, à ne pas dépasser les vitesses maxima indiquées ci-après :

CATÉ-GORIES	POIDS TOTAL en charge	VITESSE MAXIMA		
		Véhicules munis de bandages rigides (pendant le délai accordé par l'article 63 pour leur circulation).	Véhicules munis de bandages élastiques	
			Véhicules affectés au transport des personnes	Autres véhicules
		km à l'heure	km à l'heure	km à l'heure
1re	De 3.001 kilos à 4.500 kilos . . .	20	40	25 (1)
2e	De 4.501 kilos à 8.000 kilos . . .	15	35	30
3e	De 8.001 kilos à 11.000 kilos . . .	10	25	20
4e	Au-dessus de 11.000 kilos . . .	5	15	10

(1) C'est évidemment 35 qu'il faut lire : voir *supra*, p. 59.

Automobiles, tracteurs et véhicules remorqués.

Art. 32. — A. — *Règles communes au cas d'une remorque unique et au cas de plusieurs remorques.* — Sont applicables aux véhicules remorqués les prescriptions du présent règlement relatives aux véhicules isolés visées aux articles 2, 3, 5 et au premier alinéa de l'article 27 ci-dessus. Sont également applicables aux ensembles formés par les véhicules tracteurs et les véhicules remorqués les prescriptions de l'article 13 ci-dessus concernant les convois.

Le dernier véhicule remorqué doit toujours porter à l'arrière une plaque d'identité reproduisant la plaque d'arrière du véhicule tracteur visée au deuxième alinéa de l'article 27. Toutefois la plaque du véhicule remorqué pourra être amovible.

Les dispositions particulières aux véhicules remorqués en ce qui concerne les freins et l'éclairage sont énoncées aux articles 23 et 24 ci-dessus.

Les attelages de fortune au moyen de cordes ou de tout autre dispositif ne sont tolérés qu'en cas de nécessité absolue et sous réserve d'une allure très modérée; des mesures doivent être prises pour rendre ces attelages parfaitement visibles de jour comme de nuit. Lorsqu'un même tracteur remorque plusieurs véhicules, il ne peut être employé de moyen de fortune que pour un seul des attelages.

B. — *Règles spéciales au cas d'une remorque unique.* — Les limites de vitesse à observer sont celles fixées par l'article 31 ci-dessus pour la catégorie correspondant à la somme des poids en charge du tracteur et de la remorque; la vitesse est celle correspondant aux bandages rigides si le tracteur ou la remorque en est muni.

Si le poids en charge de la remorque ne dépasse pas la moitié du poids à vide du tracteur, il n'est pas tenu compte de la remorque pour la limitation de la vitesse qui reste déterminée par le poids en charge du tracteur seul en conformité de l'article 31 ci-dessus.

Toutefois les véhicules même pesant en charge moins de 3.000 kilos et traînant une remorque ne devront en aucun cas marcher à une vitesse supérieure à quarante kilomètres à l'heure.

C. — *Règles spéciales au cas de plusieurs remorques.* — Les trains comprenant plusieurs remorques ne peuvent être admis à circuler dans un département sans une autorisation délivrée par le préfet de ce département, après avis soit de l'ingénieur en chef des ponts et chaussées, soit de l'agent voyer en chef, soit de ces deux chefs de service, suivant la nature des routes et chemins parcourus.

La demande doit indiquer :

1º Les routes et chemins que le pétitionnaire a l'intention de suivre ;

2º Les poids en charge du tracteur et de chacune des remorques, ainsi que le poids de l'essieu le plus chargé ;

3º La composition habituelle des trains et leur longueur totale ;

4º La vitesse de marche prévue ;

5º Le mode de freinage adopté en conformité des prescriptions de l'article 23.

L'autorisation détermine les conditions que doivent remplir l'automobile et ses conducteurs, pour assurer la sécurité et la commodité de la circulation ; en particulier elle fixe la vitesse maxima de marche, le nombre d'hommes qui doivent être attachés au service du train ; en aucun cas, ce nombre ne saurait être inférieur à deux et il doit toujours être tel que, si les freins des véhicules convoyés ne sont pas actionnés par le mécanicien, leur manœuvre soit confiée à autant de conducteurs spéciaux qu'il est nécessaire pour assurer la sécurité de la marche du train, eu égard aux déclivités du parcours et à la vitesse de marche. Les intéressés peuvent faire appel de la décision du préfet devant le ministre des Travaux publics, qui statue après avis de la Commission centrale des automobiles.

Les prescriptions du présent article ne sont applicables aux matériels spéciaux des départements de la Guerre et de la Marine qu'autant qu'elles ne sont pas incompatibles avec leur destination.

Courses d'automobiles.

Art. 33. — Lorsque le parcours d'une course d'automobiles est compris dans l'étendue d'un seul département, l'autorisation est donnée par le préfet, après avis des chefs de service de voirie et des maires des communes traversées.

Lorsque le parcours comprend plusieurs départements, l'autorisation est délivrée par le ministre de l'Intérieur, sur l'avis des préfets des départements traversés, après consultation des chefs de service de voirie et des maires.

Les frais de surveillance et autres occasionnés à l'Administration par la course sont supportés par les organisateurs de celle-ci, qui doivent déposer à cet effet une consignation préalable.

CHAPITRE IV

DISPOSITIONS SPÉCIALES AUX VÉHICULES ATTELÉS OU AUTOMOBILES AFFECTÉS AUX SERVICES PUBLICS DE TRANSPORT EN COMMUN.

Déclaration.

Art. 34. — Les entrepreneurs de services publics en commun, par véhicules attelés ou automobiles, sont tenus de déclarer au préfet du département le siège principal de leur établissement, le nombre de leurs voitures, celui des places qu'elles contiennent, le lieu de la destination, les jours et heures de départ et d'arrivée.

Tout changement aux dispositions ainsi arrêtées donne lieu à une déclaration nouvelle.

Freins.

Art. 35. — Les véhicules attelés, affectés aux services publics susvisés, doivent être pourvus d'au moins un frein pouvant être facilement manié de son siège par le conducteur et, en outre, d'un autre dispositif susceptible d'immobiliser l'une au moins des roues d'arrière.

Dispense de ce dernier dispositif peut être accordée par le préfet pour les véhicules circulant habituellement sur des itinéraires peu accidentés.

Les véhicules automobiles affectés aux services publics susvisés sont astreints aux prescriptions de l'article 23 ci-dessus.

Le délai d'application des prescriptions du précédent paragraphe aux véhicules en service lors de la promulgation du présent règlement est fixé par l'article 60 ci-après.

Dispositions intérieures et extérieures des véhicules.

Art. 36. — L'intérieur des véhicules affectés au service public de transport en commun doit être disposé de manière à assurer la sécurité et la commodité des voyageurs.

Les indications relatives à l'itinéraire suivi doivent être placées à l'extérieur des véhicules d'une façon très apparente.

Le délai d'application des prescriptions du présent article aux véhicules en service lors de la promulgation du présent règlement est fixé par l'article 60 ci-après.

Éclairage.

Art. 37. — Pendant la nuit, les véhicules affectés aux services publics susvisés seront signalés en avant par deux feux blancs et en arrière par un feu rouge.

Ce dernier devra être placé sur le côté gauche du véhicule. Il pourra, conformément à l'article 4 ci-dessus, être produit par le même foyer lumineux que le feu gauche d'avant, dans le cas où la longueur totale du véhicule, chargement compris, n'excède pas six mètres.

L'éclairage des véhicules automobiles sera assuré dans les conditions prévues par l'article 24 ci-dessus. Toutefois, la vitesse maxima à partir de laquelle est obligatoire l'emploi d'un feu éclairant la route à 100 mètres au moins en avant est abaissée de 20 à 12 kilomètres à l'heure.

Le délai d'application des prescriptions du présent article aux véhicules en service lors de la promulgation du présent règlement est fixé par l'article 60 ci-après.

Réception.

ART. 38. — Aussitôt après la déclaration faite en vertu de l'article 34 ci-dessus, le préfet ordonne la visite des véhicules afin de constater qu'ils ne présentent aucun vice de construction qui puisse occasionner des accidents et qu'ils satisfont aux conditions nécessaires pour assurer la commodité et la sécurité du transport des voyageurs.

Cette visite, qui pourra être renouvelée toutes les fois que l'autorité le jugera nécessaire, est faite en présence du commissaire de police et du représentant du directeur des contributions indirectes, par un ou plusieurs experts que le préfet aura désignés.

L'entrepreneur a la faculté de nommer de són côté un expert pour opérer contradictoirement avec celui de l'Administration. En cas de désaccord entre les experts, il sera statué par le préfet sur le vu de leurs avis.

La visite des véhicules est faite à l'un des principaux établissements de l'entreprise; les frais sont à la charge de l'entrepreneur.

Autorisation de circuler et de stationner.

ART. 39. — Aucun véhicule affecté aux services publics de transport en commun ne peut être mis en circulation sans une autorisation délivrée par le préfet après réception du véhicule, effectuée comme il est dit à l'article 38 ci-dessus. En ce qui concerne la mise en circulation des véhicules automobiles, cette réception ne dispense d'ailleurs pas des formalités prescrites au chapitre III du présent règlement.

Le préfet transmet au directeur des contributions indirectes un extrait des autorisations qu'il a accordées. L'estampille prescrite par l'article 117 de la loi du 25 mars 1817 n'est délivrée que sur le vu de l'autorisation qui doit être inscrite sur un registre spécial.

Le retrait d'autorisation de circuler peut être prononcé par le préfet dans les mêmes formes que la réception s'il est constaté que le véhicule ne satisfait plus aux conditions voulues.

Les points de stationnement sont fixés par arrêté préfectoral.

Indications diverses et tarifs.

Art. 40. — Chaque véhicule affecté aux services publics de transport en commun, doit porter à l'extérieur, dans un endroit apparent, indépendamment de l'estampille délivrée par l'Administration des contributions indirectes, le nom et le domicile de l'entrepreneur.

Le nombre et le prix des places sont affichés à l'intérieur des compartiments.

Les tarifs ne peuvent être modifiés qu'après que les changements prévus auront été affichés au moins pendant huit jours pleins par l'entrepreneur dans ses divers bureaux et à l'intérieur des compartiments de ses véhicules.

Le délai d'application des prescriptions du présent article aux véhicules en service lors de la promulgation du présent règlement est fixé par l'article 60 ci-après.

Obligations imposées aux conducteurs.

Art. 41. — Nul ne peut être admis à conduire des véhicules affectés aux services publics de transport en commun s'il n'est porteur d'un certificat de bonne vie et mœurs délivré par le maire de la commune de son domicile et, en outre, pour les véhicules automobiles, du certificat de capacité visé à l'article 29 ci-dessus.

Les cochers de voitures attelées doivent être âgés de seize ans au moins et les conducteurs d'automobiles de vingt ans au moins.

Dans les haltes, le receveur et le conducteur ne peuvent quitter en même temps le véhicule tant qu'il reste attelé ou que le moteur est en mouvement.

Avant de donner le signal du départ, le receveur, ou, à son défaut, le conducteur doit s'assurer que les dispositifs destinés à assurer la sécurité des voyageurs sont en place.

Droit de passage.

Art. 42. — Lorsque, contrairement à l'article 9 du présent règlement, un roulier ou conducteur de véhicule quelconque, de bête de trait, de charge ou de selle ou d'animal, n'aura pas cédé la moitié de la chaussée à un véhicule affecté à un service public de transport en commun, le conducteur qui aurait à se plaindre de cette contravention en fait la déclaration, avec tous renseignements et justifications à l'appui, à l'officier de police du lieu le plus rapproché.

Celui-ci dresse procès-verbal de la déclaration et la transmet sur-le-champ au procureur de la République.

Création de relais.

Art. 43. — Les entrepreneurs sont tenus de faire aux préfectures des départements intéressés, la déclaration des lieux où les relais sont situés, ainsi que la déclaration du nom des relayeurs.

La déclaration est renouvelée chaque fois que les entrepreneurs traitent avec un nouveau relayeur.

Organisation des relais.

ART. 44. — Les relayeurs ou leurs préposés sont tenus d'être présents à l'arrivée et au départ de chaque véhicule et de s'assurer eux-mêmes, et sous leur responsabilité, que les conducteurs ne sont pas en état d'ivresse.

La tenue des relais, en tout ce qui intéresse la sécurité des voyageurs, est surveillée par les maires des communes où ces relais se trouvent établis.

Registre des réclamations.

ART. 45. — A chaque bureau de départ et d'arrivée et à chaque relai il doit exister un registre, coté et paraphé par le maire, pour l'inscription des plaintes que les voyageurs peuvent avoir à formuler contre les conducteurs, cochers ou receveurs. Ce registre est présenté aux voyageurs à toute réquisition par le chef de bureau ou le relayeur.

Dispositions spéciales aux voitures internationales.

ART. 46. — Les véhicules, qui assurent un service international de transport en commun, sont soumis, en ce qui concerne les parcours sur le territoire français, aux prescriptions du présent règlement, sauf dérogation résultant d'un accord entre les gouvernements intéressés.

Publicité des dispositions précédentes.

Art. 47. — Les articles 34 et 45 doivent être constamment placardés par les soins des entrepreneurs dans le lieu le plus apparent des bureaux et des relais.

Les articles 40 à 45 inclus doivent être imprimés à part et affichés dans l'intérieur de chacun des compartiments des véhicules.

CHAPITRE V

DISPOSITIONS APPLICABLES AUX CYCLES

A — CYCLES POURVUS D'UN MOTEUR MÉCANIQUE

Art. 48. — Les cycles pourvus d'un moteur mécanique sont régis par les dispositions du chapitre III ci-dessus.

B — CYCLES SANS MOTEUR MÉCANIQUE

Éclairage.

Art. 49. — Dès la chute du jour, tout cycle doit être pourvu d'un feu visible de l'avant et de l'arrière, soit d'un feu visible de l'avant seulement et d'un appareil à surface réfléchissante rouge à l'arrière.

Le délai d'application des prescriptions du présent article aux cycles en service lors de la promulgation du présent règlement est fixé par l'article 60 ci-après.

Signaux sonores.

Art. 50. — Tout cycle doit être muni d'un appareil avertisseur constitué par un timbre à note aiguë ou un grelot, dont le son puisse être entendu à 50 mètres au moins, et qui sera actionné aussi souvent qu'il sera besoin. L'emploi de tout autre signal sonore est interdit.

Le délai d'application des prescriptions du présent article aux cycles en service lors de la promulgation du présent règlement est fixé par l'article 60 ci-après.

Plaques.

Art. 51. — Tout cycle doit porter une plaque métallique indiquant le nom et le domicile du propriétaire ainsi qu'un numéro d'ordre, si le propriétaire est loueur de cycles.

Vitesse.

Art. 52. — Les cycles doivent prendre une allure modérée dans la traversée des agglomérations, ainsi qu'aux croisements, carrefours et tournants des voies publiques.

Ils ne peuvent former dans les rues des groupes susceptibles de gêner la circulation.

Croisement ou dépassement.

Art. 53. — Les cyclistes doivent prendre leur droite lorsqu'ils croisent des véhicules quelconques, des cycles ou des animaux, et leur gauche lorsqu'ils veulent les dépasser; dans ce dernier cas, ils sont tenus d'avertir le conducteur ou le cavalier au moyen de leur appareil sonore et de modérer leur allure.

Réglementation de la circulation des cycles.

Art. 54. — Par dérogation à l'article 12 ci-dessus, la circulation des cycles est admise sur les trottoirs à condition que les machines soient conduites à la main.

En outre, le long des routes et chemins pavés ou en état de réfection, la circulation des cycles est tolérée, en dehors des agglomérations, sur les trottoirs et contre-allées affectées aux piétons. Mais, dans ce cas, les cyclistes sont tenus de prendre une allure modérée à la rencontre des piétons et de réduire leur vitesse au droit des habitations.

CHAPITRE VI

DISPOSITIONS APPLICABLES AUX PIÉTONS ET AUX ANIMAUX NON ATTELÉS NI MONTÉS

Piétons.

Art. 55. — Sans préjudice des mesures de prudence qui leur incombent, les conducteurs de véhicules quelconques sont tenus d'avertir les piétons de leur approche.

Les piétons dûment avertis doivent se ranger pour laisser passer les véhicules, cycles, bêtes de trait, de charge ou de selle.

Troupeaux.

Art. 56. — Les troupeaux d'animaux de toute espèce, circulant sur les voies publiques, doivent être dirigés par un nombre suffisant de conducteurs, et menés de façon qu'ils n'occupent pas plus de la moitié de la largeur de la route et du chemin; ils ne peuvent y stationner.

Lorsqu'ils circulent la nuit, leur présence doit être indiquée par un signal sonore ou lumineux.

Lorsque plusieurs troupeaux circulent sur la même

route ou le même chemin, ils doivent être séparés par une distance de 50 mètres au moins.

Divagation ou abandon des animaux sur la voie publique.

ART. 57. — Sans préjudice des dispositions du Code pénal concernant les animaux malfaisants ou féroces, il est interdit de laisser vaguer sur les voies publiques un animal quelconque et d'y laisser à l'abandon des bêtes de trait, de charge ou de selle.

Pacage.

ART. 58. — Il est défendu de faire ou de laisser paître sur les voies publiques les animaux de toute espèce.

CHAPITRE VII

DISPOSITIONS TRANSITOIRES ET DIVERSES

Contraventions au présent règlement.

ART. 59. — Les contraventions aux dispositions du présent règlement seront constatées par des procès-verbaux et déférées aux tribunaux compétents, conformément aux lois et règlements en vigueur.

Délais d'application du présent règlement.

ART. 60. — Les délais suivants sont accordés pour l'application des articles visés ci-dessus aux véhicules qui seront en service lors de la publication du présent règlement.

Un an :

Pour les prescriptions de l'article 4, relatives à l'éclairage de tous les véhicules sans exception;

Pour les prescriptions de l'article 5, relatives aux plaques à apposer aux véhicules;

Pour les prescriptions des articles 21, 22 et 23, relatives aux dispositions des organes moteurs, de manœuvre, de direction et de freinage des véhicules automobiles;

Pour les prescriptions de l'article 24, relatives à l'éclairage et spéciales aux véhicules automobiles;

Pour les prescriptions de l'article 35, spéciales aux freins des véhicules affectés aux services publics de transport en commun;

Pour les prescriptions de l'article 36, relatives aux dispositions intérieures et extérieures des véhicules affectés aux services publics de transport en commun;

Pour les prescriptions de l'article 37, spéciales à l'éclairage des véhicules affectés aux services publics de transport en commun;

Pour les prescriptions de l'article 40, relatives aux indications diverses à apposer à l'intérieur ou à l'extérieur des véhicules affectés aux services publics de transport en commun;

Pour les prescriptions des articles 49 et 50, relatives à l'éclairage et aux signaux avertisseurs des cycles.

Cinq ans :

Pour les prescriptions de l'article 2, relatives aux dimensions et à la nature des bandages des roues;

Pour les prescriptions de l'article 3, relatives au gabarit des véhicules et aux saillies des fusées d'essieux ou des moyeux.

Ces délais seront comptés à partir de la date de la publication du présent règlement.

Pendant les périodes transitoires, chaque espèce

continuera à être soumise aux règlements qui lui étaient applicables avant la promulgation du présent règlement.

Voies ferrées sur route.

Art. 61. — Le présent règlement ne s'appliquera pas aux voies ferrées empruntant l'assiette des voies publiques, ni aux véhicules servant à l'exploitation de ces voies ferrées qui continuent à être soumis aux règlements spéciaux les concernant.

Pouvoirs des préfets et des maires.

Art. 62. — Les dispositions du présent décret ne font pas obstacle au droit, conféré par les lois et règlements aux préfets et aux maires, de prescrire, dans les limites de leurs pouvoirs, et lorsque l'intérêt de la sécurité ou de l'ordre public l'exige, des mesures plus rigoureuses que celles é ictées par le présent règlement.

Règlements abrogés.

Art. 63. — Sont et demeurent abrogés, les décrets des 10 août 1852 et 24 février 1858, relatifs à la police du roulage, le décret du 29 août 1863, concernant l'établissement des barrières de dégel, les décrets du 10 mars 1899, du 10 septembre 1901 et du 4 septembre 1919, ayant trait à la circulation des automobiles ainsi que toutes dispositions contraires à celles du présent règlement.

Exécution du décret.

Art. 64. — Les ministres de l'Intérieur, des Finances et des Travaux publics sont, chacun en ce qui le concerne, chargés de l'exécution du présent décret qui sera publié au *Journal officiel* et inséré au *Bulletin des Lois.*

Fait à Paris, le 27 mai 1921.

A. MILLERAND.

Par le Président de la République :

Le Ministre de l'Intérieur,
    Pierre MARRAUD.

                    Le Ministre des Finances,
                        Paul DOUMER.

Le Ministre des Travaux publics,
    Yves LE TROCQUER.

II

CIRCULAIRE MINISTÉRIELLE
DE M. LE TROCQUER DU 30 MAI 1921.

Le Ministre des Travaux publics à MM. les Préfets.

Paris, le 30 mai 1921.

Le Gouvernement a mis au premier rang de ses préoccupations, dans l'ordre économique, de sauvegarder l'universelle renommée du réseau routier de la France, mis en péril par la nature et l'intensité de la circulation moderne.

Une série de mesures méthodiquement concertées dans ce but sont à l'étude.

Pour conserver cette partie essentielle de l'outillage national et l'accroître, l'Administration poursuit l'amélioration scientifique des procédés de construction et d'entretien des chaussées, recherche le moyen pratique d'affecter spécialement certaines ressources à l'exécution des travaux, songe à coordonner les efforts des collectivités diverses qui ont la charge d'entretenir les routes de toutes catégories.

Toutefois, un problème dont la solution a semblé devoir être immédiate est celui de l'utilisation des routes existantes, de telle manière qu'on puisse en retirer le maximum de rendement avec le maximum de commodité et de sécurité. L'aménagement des itinéraires qui s'imposent aux courants naturels du trafic, en dehors de toute idée de classification administrative des voies, constituera un jour, à cet égard, une amélioration certaine. Mais il importe avant tout de procéder à une réglementation équitable et rationnelle de la circulation, sur toutes les voies publiques.

L'accroissement considérable et constant du nombre et de la puissance des véhicules automobiles avait, dès 1909, amené l'Administration à constater la nécessité d'une refonte complète des divers règlements concernant la police de la circulation routière pour les adapter aux exigences de la technique moderne. L'élaboration d'un règlement unique, déterminant avec précision les droits et les devoirs de chacun des usagers de la route : riverains, agriculteurs, piétons, cyclistes, voituriers, automobilistes, s'imposait déjà dans l'intérêt supérieur de l'ordre et de la sécurité publics.

Au moment où les hostilités ont éclaté, la Commission spécialement instituée pour la préparation de ce texte, auquel on s'est communément plu à donner le nom de « Code de la route », venait de terminer ses travaux, d'après les résultats de l'enquête prescrite par la circulaire ministérielle du 14 août 1912, auprès des conseils généraux et des groupements agricoles, sportifs et industriels. Mais la guerre, par suite de l'exceptionnelle intensité donnée aux transports automobiles, a permis de recueillir de nouveaux et précieux enseignements. D'autre part, le nombre considérable de conducteurs et de voitures automobiles rendus à l'activité économique par la démobilisation et par la vente des stocks n'a pas manqué d'accroître l'intérêt du problème de la circulation routière.

En effet, aucun procédé d'entretien des chaussées ne saurait mettre les routes à l'abri des conséquences destructives d'une circulation à la fois lourde et rapide, si une police préventive ne tend pas à en éviter ou tout au moins à en atténuer les inconvénients; il est nécessaire pour cela de recourir à des règles impératives qui, sans risquer de nuire au développement souhaitable d'un nouveau mode de locomotion, procurent à tous les usagers de la route, en déterminant leurs droits respectifs, la sécurité à laquelle ils sont fondés à prétendre.

Aussi me suis-je attaché à faire, aussi rapidement que possible, mettre au point, suivant les plus récentes données de l'expérience, le projet de règlement antérieurement élaboré. Le texte arrêté d'après l'avis du Conseil d'État a définitivement pris corps sous la forme du décret ci-joint portant règlement sur la police de la circulation de la voie publique.

Les dispositions du nouveau règlement visent les mesures propres à assurer à la fois la protection de la route et la sauvegarde des droits respectifs de ceux qui l'utilisent.

Je crois devoir appeler votre attention sur les divers articles du décret contenant, soit des innovations, soit le rappel de règles particulièrement importantes.

L'article 1 indique d'une façon catégorique que, dans leur ensemble, les prescriptions édictées s'appliquent à « toutes les voies ouvertes à la circulation publique ». Il n'y a donc pas de distinction à faire entre les routes, chemins ou rues diversement classés dans la voirie nationale, départementale, communale ou urbaine. Vous remarquerez toutefois que l'article 10 (*in fine*) et l'article 62 réservent explicitement les droits réglementaires des préfets et des maires.

La limitation, prévue par l'article 2, du poids des véhicules d'après la pression des bandages sur le sol est une innovation capitale pour la conservation de la route. Il conviendra de tenir très sérieusement la main à ce que, dans les délais prescrits à l'article 60, toutes transformations nécessaires soient apportées aux voitures qui ne répondraient pas aux nouvelles conditions.

Le décret de 1852 limitait à 2^m 50 la longueur des essieux; sauf les exceptions prévues par l'article 3 du nouveau règlement, ce maximum s'appliquera désormais à la largeur des véhicules, toutes saillies comprises.

Le nombre d'accidents dus à l'absence, à l'insuffisance ou aux défectuosités de l'éclairage exige la stricte application des dispositions des articles 4, 25 (a), 37, 49 et 56. La généralisation du feu rouge, fixé à gauche à l'arrière des véhicules, contribuera certainement à éviter des collisions en décelant la position et le sens de marche de ces véhicules. L'emploi de feux aveuglants est interdit dans les agglomérations et même en rase campagne, les rayons projetés ne devront, en aucun cas, s'élever à plus d'un mètre au-dessus du sol.

L'article 17 réserve aux préfets la faculté d'imposer un frein aux véhicules à traction animale, si la topographie de la région l'exige; quant aux automobiles, l'emploi de deux freins indépendants l'un de l'autre reste obligatoire.

Pour les signaux sonores, on a jugé nécessaire de les spécialiser par catégories de véhicules pour éviter tout abus et toute méprise; dans les agglomérations, seul est admis, pour les automobiles, l'usage de la trompe; les cycles doivent être munis exclusivement d'un timbre à note aiguë ou d'un grelot.

Les indications exigibles sur les plaques, prévues par les articles 5, 27 et 51, ont une utilité évidente au point de vue de la police du roulage. Leur importance s'accroit en ce qui concerne les automobiles, du fait que les mentions prescrites constituent les renseignements indispensables pour l'application du tableau des vitesses maxima inscrit dans l'article 31.

(a) 24. — Cf. *supra*, p. 24.

L'innovation de l'article 26, relatif à la réception des automobiles, consiste à admettre également pour les véhicules de provenance étrangère les facilités réservées jusqu'ici aux véhicules construits en France, c'est-à-dire la réception par type, sous la seule condition que la marque étrangère ait un représentant accrédité auprès du ministre des Travaux publics.

La suppression de toute limite de vitesse maxima pour les automobiles dont le poids total en charge ne dépasse pas 3.000 kilos, a été inspirée par le désir de ne pas entraver par des mesures inopportunes et qui risqueraient d'ailleurs d'être inefficaces, le développement d'un moyen de locomotion caractérisé par une vitesse supérieure à celle des anciens véhicules.

Mais l'esprit libéral dans lequel a été conçue cette réforme ne confère nullement à l'automobiliste le droit d'abuser de la faculté qui lui est accordée; sa responsabilité civile et pénale serait engagée non seulement par les accidents de personnes qu'il pourrait provoquer, mais encore par les dommages qu'il causerait aux animaux accompagnés, aux choses d'autrui et à la route. L'article 31 impose au conducteur d'automobile de rester constamment maître de sa vitesse et prévoit, sans intention limitative d'ailleurs, quelques-uns des cas où la marche du véhicule devra obligatoirement être ralentie ou même suspendue (agglomérations, courbes, fortes descentes, sections de routes bordées d'habitations, passages étroits ou encombrés, carrefours, points de croisement ou de dépassement de véhicules ou d'animaux).

C'est la même considération qui, pour les véhicules automobiles d'un poids supérieur à 3.000 kilos a fait juger indispensable l'établissement d'un barème limitatif de la vitesse selon le poids de ces véhicules.

Les autres conducteurs sont, au même titre, astreints par l'article 8, à une allure modérée à la traversée des agglomérations et dans toutes les circonstances qui imposent une marche prudente. De l'application ferme de ces dispositions que je signale spécialement à votre attention, dépendent à la fois la sécurité de la circulation et la conservation des chaussées.

Il a paru utile, en ce qui concerne les bifurcations et les croisées de chemins, de préciser, à l'article 10, que les véhicules circulant sur les routes nationales ou routes assimilées ont la priorité de passage.

Au croisement de deux chemins d'une même catégorie, le conducteur doit céder le passage à celui qui vient à sa droite.

Ces innovations ne doivent pas exclure la prudence ni dispenser les conducteurs de l'usage des signaux sonores prescrits par l'article 35.

Les mesures édictées par les articles 13 (convois), 14 (transports exceptionnels) et 32 (remorques et trains routiers) sont inspirées à la fois par la nécessité de mettre les chaussées à l'abri d'une usure exagérée et par le souci d'éviter l'encombrement des routes. Je vous prie de veiller tout particulièrement à leur application.

Les règles concernant les services publics de transport en commun ont été simplifiées, afin qu'aucune entrave inutile ne soit apportée au développement de ces services.

Les articles 48 à 54 rappellent, pour les cycles, la réglementation déjà sanctionnée par une longue expérience, mais dont l'extension aux motocycles n'a pas paru désirable. L'accroissement de la puissance des moteurs, l'adjonction d'un deuxième siège et divers autres perfectionnements sont en effet arrivés à transformer la motocyclette, par étapes successives et peu marquées, en une véritable voiturette et il a semblé rationnel d'assimiler en partie ces véhicules aux automobiles dont ils atteignent la vitesse.

L'article 55 qui garantit à nouveau au piéton le droit d'être protégé par un avertissement du conducteur de tout véhicule, lui impose, par contre, l'obligation de déférer à cet appel en laissant momentanément la chaussée libre. Il résulte de cette astreinte imposée aux piétons le devoir pour les services de la voirie de dégager les accotements de tout dépôt et l'accès des trottoirs de tout obstacle qui seraient de nature à empêcher le piéton de trouver le refuge auquel il doit pouvoir prétendre.

Il va de soi qu'en dehors des textes formellement abrogés par l'article 63, toutes les règles antérieures de police concernant la conservation des routes ou la circulation publique restent en vigueur, en tant qu'elles ne sont pas contraires aux prescriptions nouvelles. C'est pourquoi je crois devoir rappeler certaines prohibitions légales incontestablement maintenues et qu'il importe de faire respecter dans l'intérêt spécial de la conservation de la route.

Il reste interdit *d'une façon absolue :*

1º D'anticiper sur les limites de la voie publique et de ses dépendances (1);

2º De laisser se répandre ou de jeter sur la voie publique et ses dépendances des eaux ou des matières susceptibles de nuire à la salubrité publique, à la sécurité et à la commodité de la circulation (2);

3º De faire obstacle au libre écoulement des eaux dans les caniveaux, ouvrages et fossés de la voie publique (3);

4º D'une manière générale, de dégrader la voie publique ainsi que ses dépendances, les plantations et les

---

(1) Ordonnance du 4 août 1731, article 479, 11º, du Code pénal.

(2) Édit de décembre 1607; arrêté réglementaire du 20 septembre 1858; article 471, 6º, du Code pénal.

(3) Arrêté du Conseil du 17 juin 1721.

ouvrages (1) établis soit dans l'intérêt de la circulation, soit dans un but d'utilité ou de décoration publiques (2).

Il demeure également interdit, *sauf autorisation préalable :*

1° D'ouvrir des fouilles sous la voie publique et ses dépendances (3);

2° De pratiquer des excavations à une distance des limites de la voie publique et de ses dépendances inférieure à 10 mètres augmentés de 1 mètre par mètre de profondeur de l'excavation, s'il s'agit d'une excavation à ciel ouvert et à 10 mètres augmentés de 1 mètre par mètre de hauteur de l'excavation s'il s'agit d'une excavation ou galerie souterraine (4);

3° D'enlever des pierres, terres, gazons ou produits de plantations provenant de la voie publique et de ses dépendances (5);

4° De planter des arbres à moins de 2 mètres et des haies à moins de 50 centimètres des limites de la voie publique et de ses dépendances (6);

5° De faire sur la voie publique et ses dépendances des dépôts quelconques ou des installations de quelque nature qu'elles soient (7).

---

(1) Loi du 29 floréal an X, article 1; articles 257 et 437 du Code pénal.

(2) Poteaux de signalisation, bornes, becs de gaz, vespasiennes, grilles, abris de cantonniers, parapets, motifs architecturaux des ouvrages, ponts, etc...

(3) Édit de décembre 1607; arrêt du Conseil du 17 juin 1721.

(4) Arrêts du Conseil du 14 mars 1741, 5 avril 1772, 15 septembre 1776; déclarations du Roi du 23 janvier 1779 et 17 mars 1780; arrêté réglementaire du 4 juillet 1813.

(5) Ordonnance du 4 août 1731; article 479.12°, du Code pénal.

(6) Ordonnance du 4 août 1731; règlement-type du 26 septembre 1858; article 671 du Code civil.

(7) Édit de décembre 1607; ordonnance du 4 août 1731; article 471, 4°, du Code pénal.

Il vous appartiendra, en faisant appel à la vigilance de tous les agents investis de missions de police sur la voie publique, de faire respecter ces interdictions en même temps que les prescriptions et prohibitions inscrites dans le nouveau règlement.

Je vous adresse, de ce texte, précédé de la présente circulaire, un nombre d'exemplaires suffisant pour que vous puissiez le porter à la connaissance des divers services de votre département chargés de relever les infractions. J'en envoie directement copie aux ingénieurs et aux subdivisionnaires des Ponts et Chaussées. Je vous prie de lui donner de votre côté toute la publicité désirable par les divers moyens en votre pouvoir.

Yves Le Trocquer.

ADDENDUM

Pendant que s'imprimaient les lignes qui précèdent, M. le ministre des Travaux publics adressait aux préfets et aux ingénieurs en chef des arrondissements minéralogiques une circulaire dans laquelle il décide « qu'à l'avenir, tous candidats au certificat de capacité pour la conduite des automobiles seront soumis à un examen portant sur la connaissance complète des devoirs qui découlent pour les automobilistes du décret du 27 mai 1921 ».

M. le ministre des Travaux publics a fort heureusement pensé qu'à côté de la connaissance technique exigée du chauffeur pour la conduite de son véhicule, il pouvait n'être pas sans intérêt pour le chauffeur, — et aussi pour le public, — de lui imposer également la connaissance stricte des règlements qu'il ne lui est pas permis d'ignorer.

Voici, au surplus, la circulaire dont s'agit :

Paris, le 16 juin 1921.

Le Ministre des Travaux publics
à M. l'Ingénieur en chef
de l'arrondissement minéralogique de...

Le décret du 27 mai 1921 et la circulaire ministérielle du 30 du même mois (*Journal officiel* du 31) ont apporté aux règles concernant l'usage des voies ouvertes à la circulation publique des modifications importantes.

Le « Code » de la route, tout en rappelant les règles posées antérieurement par les décrets des 10 mars 1899 et 10 septembre 1901, pour la mise en service et la circulation des automobiles, contient, à cet égard, diverses innovations. Il confère notamment aux automobilistes la possibilité de donner à leur véhicule une allure qu'aucune disposition ne limite pour les sections de route en rase campagne, quand elles sont libres de tout obstacle ; il contient des prescriptions destinées à éviter toute collision lors des croisements et dépassements de véhicules, ainsi qu'à la croisée des chemins ; il règle l'emploi des signaux sonores ou lumineux et il rend obligatoire un dispositif d'échappement silencieux ; d'une façon très nette, il impose enfin, en toute circonstance, le maximum de prudence aux conducteurs de véhicules automobiles.

Il convient donc que ceux-ci connaissent parfaitement les dispositions récemment édictées, dont la stricte observation est une condition essentielle du maintien de l'ordre et de la sécurité publics, et s'impose aux automobilistes d'une façon au moins aussi impérieuse qu'aux autres usagers de la route.

C'est pourquoi j'ai décidé qu'à l'avenir, tous les candidats au certificat de capacité pour la conduite des automobiles (y compris le certificat spécial institué pour les conducteurs de motocycles d'un poids inférieur à 150 kilos) seront soumis à un examen portant non seulement sur les conditions d'habileté, de pratique et de sang-froid déjà exigées, mais en outre sur la connaissance complète des devoirs qui découlent pour les automobilistes du décret du 27 mai 1921, réglementant la police de la circulation et du roulage.

Vous aurez donc à veiller à ce que, dans tous les

cas, les nouvelles prescriptions fassent l'objet d'une interrogation spéciale de la part de l'agent chargé d'examiner le candidat.

Si, dans le ressort de votre arrondissement, une association a reçu délégation pour faire passer les examens de cette nature, il vous appartiendra de vous assurer qu'elle observe cette nouvelle obligation et, le cas échéant, d'en vérifier l'application.

Je vous rappelle, d'ailleurs, à cet égard, que la circulaire ministérielle n° 15, du 25 novembre 1903, a imposé à toute association agréée dans ce but d'indiquer « d'après quelles épreuves et quels éléments de certitude elle est en mesure d'affirmer la capacité du conducteur ». Ces instructions ont en outre formellement réservé pour les ingénieurs en chef des Mines, la faculté de procéder, chaque fois qu'ils le jugeront opportun, à l'examen direct du candidat.

Veuillez m'accuser réception de la présente circulaire que je porte à la connaissance des préfets.

Le Ministre des Travaux publics,
Yves LE TROCQUER.

TABLE DES MATIÈRES

CHAPITRE I

IMPRIMERIE BERGER-LEVRAULT, NANCY-PARIS-STRASBOURG